習慣致富

| 人生實踐版 |

在關鍵時刻下對決定，
讓你成功達陣，樂享財務自由

EFFORT-LESS WEALTH

Smart Money Habits at Every Stage of Your Life

TOM CORLEY

湯姆・柯利——著
楊馥嘉——譯

推薦文

每個選擇都在為將來的財務奠基

不看盤投資達人 **股魚**

小時候喜歡玩一種遊戲，先將一張紙畫上樹枝狀一個又一個的分支，然後用筆捲起來，在紙張的下方露出一條路徑。每個玩遊戲的人將手指頭放在路徑上，然後慢慢地滾動筆桿讓樹枝狀的路線慢慢露出來，在每個樹枝的節點上都要猜測往哪一條路繼續走，才有機會走到終點，若遇到陷阱則算遊戲結束，看誰可以最先將對方的紙走到終點誰就贏的比賽。

這就像是在每個十字路口做出抉擇的感覺，唯一的不同在於遊戲可以反覆多走幾次，記住哪裡有陷阱，下次避開就能走到終點，但人生就沒有這麼美好，選擇錯誤都可能換來慘痛的教訓。

在真實的人生中，影響最大的莫過於財務支出項目的選擇。同一間公司工作的同事薪水、學歷都差不多，也會因為不同的財務選擇而造就全然不同的結果。像是一樣天天喝咖啡，一個買星巴克、一個則是準備機器與豆子自己泡，長期下來，自己準備咖啡的就可以剩下不少錢。這也像是在資金運用的選項上，一個選擇保守的定存與儲蓄險，一個則選擇帶點風險的指數工具長期投資。我想聰明的讀者很清楚，後者顯然在最終的財務狀況會優於前者。

雖然起跑點一樣，但是怎麼選會大大地影響結局。這本書很特殊之處在於帶領我們進入數個選擇情境中，讓我們試著思考每個選擇是怎麼對財務造成影響，每個看似微小的變化，累積之後卻變得嚇人。這也讓我忽然想起蝴蝶效應這個名詞，當下的弱小微風卻引起後續的巨大連鎖反應。想到這點，在每個財務選擇的十字路口上，又豈能不謹慎呢？

【推薦文】

平凡人的成功致富之道

理財暢銷作家 **施昇輝**

坊間許多與理財有關的書籍都太嚴肅、太專業了，讓讀者與作者間存在著遙遠的距離，很多人常常看到一半就放棄了。反觀這一本書，透過祖孫在旅途中就理財主題進行的對話，顯然就有趣得多。對話的內容充滿了親情的提醒，而沒有任何教條式的說理，讓讀者能興致盎然地一路讀下去。

我曾受邀到一所私立中學向國三畢業生演講理財，發現他們幾乎沒有任何理財的概念，甚至對理財也沒有任何學習的興趣，讓我非常震驚。目前高中以下的教育體制，從未將理財視為學生必須修習的科目。大家都希望成功致富，但學校卻都沒教，結果就是讓大家只知道「為錢工作」，而不知道也可以「讓錢為自己工作」。

誠如書中所說，不同的人生階段該有不同理財思維，也應該按部就班地養成正確的理財習慣。只要任何一階段的理財觀念與做法出了錯，就會嚴重影響到以後人生的每一個階段。

這本書讀來讓人覺得最顛覆，但也最暖心的地方就是，你要想成功致富，不需要成為創業家，不需要在職場賣命表現，也不需要是一個頂尖的專家，你只要努力儲蓄、穩健投資就可以了。這真的是所有平凡人都有機會做到的事。

很少理財的書花這麼多篇幅在講儲蓄，而這對習慣借錢消費的美國人來說，可能很難體認，不過對儲蓄率超高的國人來說，反而容易接受。不過，時下年輕人在生活上以追求「小確幸」為優先，對未來退休生活的規畫卻又抱持「佛系」的態度，不只不太存錢，甚至也放棄投資，真的讓人非常擔心。

當然，辛辛苦苦存下來的錢，絕對不該隨隨便便投資賠掉，應該慎選安全穩健的投資標的，因為慢慢賺、穩穩賺，才能久久賺。

我常說：「有準備的長壽是福氣，沒有準備的長壽是詛咒。」人生短短幾個秋，千萬不要以為人生還很長。因為科技的發達，讓很多工作都有可能提早消失，所以大家其實根本沒有太多時間可以拿來蹉跎浪費，理財真的該愈早開始愈好。希望大家在這本書中所提到的每個人生階段裡，都能做出正確的行動，才能從容面對你可能會活到一百歲的漫長人生。

【推薦文】

將人生各階段籌碼放對地方

方寸管顧首席顧問／醫師　**楊斯棓**

非常榮幸第二度幫湯姆・柯利的書撰寫推薦文。上一本《習慣致富》獲得許多迴響，我還意外得以上電台和趙少康先生對談。

如果你讀《松浦彌太郎的一百個基本》，隨便翻一頁都能立刻開始讀，但《習慣致富人生實踐版》不能這樣讀。這本書你可以先讀第十六章，但前面十五章，一定要從第一章開始讀起，若然，你會很快理解作者鋪排的深意。

這本書以小說故事體裁呈現，一個阿公聊著兩個家庭的不同故事，說給三個孫子聽。阿公，就是依作者本人投射的角色。兩個家庭，是兩個主動收入相仿，但理財習慣迥異的家庭。孫子的角色就是讀者。

為何我如此推崇這位作者呢？一、他是會計師；二、他花了整整五年訪問數百位富人和窮人的習慣；三、他的作品就算讓沒有財務基礎的人閱讀，也會提升駕馭金錢的能力。

前面十五章，順著時間軸走，是每個人幾乎都得面對的人生戲碼。我們念小學、初中，一路念上去，出社會後，若不是一心一人終老，就會找個伴，下一步，可能就有訂婚、婚禮、蜜月等安排。

這就是一個花錢的分水嶺。如果兩造觀念一致，即使雙方經濟無虞，仍可能力主簡樸。以筆者來說，我跟太太分持醫師、牙醫師執照，我們若要選擇奢侈一點的版本，咬牙之下，可以負荷。最後，我們選擇：沒有訂婚儀式、沒有婚禮、只登記結婚及去日本小玩五日，慢十年、二十年再去度蜜月。

我聽過主動收入不錯的專業人士，想要擁有超過他經濟能力能負荷的婚禮和蜜月，結果找銀行辦信用貸款，打腫臉充胖子擺出富豪才能平靜買單的奢宴，最後婚姻火速收場，因為積欠的卡費，兩夫妻要奮力工作才能勉強繳出，蜜月後每天都在為錢吵架。為錢吵架，如何成為情感共同體？

這本書提到：「你現在花的每一塊錢，都是在大大縮減你未來的財富。」訂婚、婚禮、蜜月，如果你和經濟能力、家境相仿的同事相比，你在這三件事省下一百萬，七年後若都要買房子，你就多他一百萬的籌碼。你若在第一年就把這一百萬都購買先鋒集團（Vanguard）大範圍ETF，七年後很可能成長到兩百萬的價值，你就擁有更多籌碼選擇更好的房子。若你職業穩定，存款愈多，就愈有辦法向銀行談到比較低的利率，以及對你比較有利的年限。

作者隱隱提示：我們一生各階段的花費彼此牽動，早年我們能省當省，就能當做下一個階段的籌碼；籌碼放對地方，還會滾成更大的籌碼。若然，我們選擇才多；若然，我們才更有餘裕面對突如其來的開銷。

這是一本不要跳著看也不要倒著看會更好看的書。

最後跟各位讀者分享一個祕密。已仙逝的指數基金之父約翰・柏格（John Bogle）那麼有錢，他過去穿的襯衫，是在outlet買的。我跟他穿同一個牌子，過去我都會去百貨公司買，知道他不買當季款，只在outlet購買過季款式後，我就學他去outlet買了！

【推薦文】

理財是一生長期且持續累積的過程

知識交流平台TMBA共同創辦人 **愛瑞克**

這本《習慣致富人生實踐版》的作者，透過大量的觀察和記錄富人與窮人的每日行為，歸納出累積財富有四種不同方式：夢想家／創業者途徑、大公司攀爬者途徑、頂尖專家途徑、儲蓄投資者途徑，其中，儲蓄投資者途徑是大多數人都可以效法學習的，不但能以最簡單的方式創造財富，也是累積財富的保證途徑，然而，這也有四項前提：中產階級收入、自律心、持續性、時間。

此書不以說教的形式去羅列理財方法和原則，因為教條式的理財書太多了；相反的，作者以陳述故事的方式進行，約略畫分出人們一生的旅程中幾個最重要的人生階段，例如結婚、購屋、子女教育以及退休等，引導讀者更能融入該角色的情境當中，做出正確的判斷和選擇。內容淺顯，使每一位讀者都能以輕鬆愉快的心情把這一本書當作小說故事來看（也適合陪小孩一起讀），並從中獲得體會。

記得我在大學時期，清華大學動力機械系彭明輝教授有一句名言傳遍全台灣校園，他說：「生命是持續而不曾間斷的累積過程，不會因一時的際遇而毀了一個人的一生。」通常這句話在每一次聯考放榜之後，最常被用來鼓勵考試失利的莘莘學子；也偶爾在青年男女失戀的時候，被拿來安慰情場失利的好友們重新振作。任何一句名言，只有在我們生命遭逢重大變故的心境時，才能真正深刻「體悟」，而不僅是「知道」而已。

理財相關的教育亦然，理財是人們一生長期且持續累積的過程，因此應儘早規畫學習。書中，作者提到自己巡迴全美各地對高中生與大學生講述財富成功的精準方式時，總會先問大家：「有多少人想要成功致富？」通常很多人舉手；但當他問到：「有多少人曾在學校學習如何做到成功致富？」卻從來沒有人舉手。從另一角度來理解，這未必歸因於學校在此領域教育不足，而是青年學子尚未有收入，又處在無財務壓力的階段，要「體悟」些什麼是不可能的，最多只是「知道」而已。

我很喜歡美國知名創作歌手、作家巴布・狄倫（Bob Dylan）說的一句話：「有些人能感受雨，而其他人只是被淋溼了而已。」（Some people feel the rain. Others just get wet.）此書相當罕見地以故事來呈現理財教育當中最重要的一些原理原則，內容生動活潑、有臨場感，描述著我們人生當中都將遇到的重要時刻。希望拿起這本書的您，可以當作一部很寫實的小說來欣賞，同時也從中體悟到如何做出正確的理財決定！

（推薦文）

成功來自一連串正確選擇

「PG財經筆記」版主　**蔡至誠**

我們的一生面臨無數選擇，這一連串選擇引領我們邁向不同的人生旅途。

你可曾想過，為什麼別人過那樣的生活？是哪種習慣讓別人能提早退休？又是什麼習慣讓別人為錢所困？

其實，原因就在於習慣。習慣讓大腦減少運作，並節省大腦所需的能量。習慣讓我們每一個人無需思考就能執行任務。我們每天的習慣，看起來儘管很無聊，卻是導致成功、失敗的祕密關鍵。

生活中大多的選擇都是不知不覺中就做出決定，當養成愈多「富習慣」，就愈可以啟動致富循環。

本書以兩個家庭做為對比，說明不同習慣帶來的差異：富湯姆以及窮約翰在訂婚、婚禮、蜜月、買房、生育、儲蓄、投資這些人生歷程做出不同選擇，到最後過上截然不同的人生。湯姆在五十多歲時累積六間房，坐擁兩百萬美元的股票，以數百萬富翁之姿退休；而約翰每天忙碌工作，卻連領份退休金都是奢望。

成功並非偶然，而是來自一連串正確選擇。富習慣不僅帶來經濟富裕，更帶來人生全方位的富足，包含：健康、人際關係、時間、智慧、心靈平靜、發揮天分。

當你因求富翻閱本書，會閱讀到富湯姆與窮約翰的故事，以及二十二個聰明理財法則，最後能帶著「富足」習慣闔上本書，追尋自己的人生。

有了這富習慣，我相信你能讓脫貧成自然，致富成必然。

【推薦文】

我們是怎麼被富人甩在後頭的？

Super教師／暢銷作家 **歐陽立中**

做為一個《習慣致富》的重度愛好者。看到《習慣致富人生實踐版》要出版了，我的心情不是興奮，而是擔心。為什麼呢？就像你很愛的電影，出了第二集，你興奮去看，多半抱憾而歸。因為它既失去新鮮感，也開拓不出新格局。但嘴上這麼說，我還是翻開這本書，一頁頁讀下去，竟不知不覺讀完了！我可以很肯定地說：「《習慣致富人生實踐版》是少數我讀過，續集比首集更好看的作品！」

原因是，它真的讓我感受到，微小習慣帶來財富的天差地遠。相較《習慣致富》羅列了三十個富習慣，《習慣致富人生實踐版》透過「說故事」的方式，讓傑西爺爺和孫子們的旅遊，變成一場「財富思維」之旅。

要你蜜月別去太貴的地方，你會抗議；要你存錢買房，你會說租房便宜多了；要你多留時間陪家人，你會說工作怎辦。但當這些道理，變成傑西爺爺口裡的「富有湯姆」和「貧窮約翰」的故事，表格一列，數字一算，你發現：「明明收入差不多的兩人，為何幾年後，財力會拉開到三十一萬美元？」

那些每個當下看起來毫不起眼的習慣，竟然就是富有和貧窮的分水嶺！

《習慣致富人生實踐版》更貼心的是，當故事說完了，還附上「行動方案」。作者這回提供二十二種「聰明理財法則」，你可以視為《習慣致富》的精華強化版，像是同樣強調建立人際關係，這本書中多透露了「在別人生命重要時刻打電話去關心」這招，讓我為之震撼，因為從沒想到可以這麼做。難怪人家總說，有錢人想的跟你不一樣。

幸運的是，在你翻開《習慣致富人生實踐版》的這一刻起，你的致富齒輪即將開始轉動了！

目錄

【推薦文】每個選擇都在為將來的財務奠基／**股魚**——003
【推薦文】平凡人的成功致富之道／**施昇輝**——005
【推薦文】將人生各階段籌碼放對地方／**楊斯棓**——008
【推薦文】理財是一生長期且持續累積的過程／**愛瑞克**——011
【推薦文】成功來自一連串正確選擇／**蔡至誠**——014
【推薦文】我們是怎麼被富人甩在後頭的？／**歐陽立中**——016
前言　改變人生的理財習慣與決定——022
第1章　富爺爺傑西的計畫——033
第2章　認識不一樣的新鄰居——037
第3章　訂婚階段的規畫與決定——047
第4章　婚禮階段的規畫與決定——055

第5章 蜜月旅行的規畫與決定 067
第6章 新家庭的第一間公寓 075
第7章 存錢與儲蓄的規畫 081
第8章 買下第一棟房子 091
第9章 新添家庭成員的階段 101
第10章 房屋裝修階段 109
第11章 儲蓄與投資的思維 121
第12章 孩子的教育計畫 131
第13章 職涯發展階段 139
第14章 生命中無法預期的狀況題 147
第15章 孩子的大學教育與退休計畫 153

第16章 傑西・賈柏斯的聰明理財法則——157

01 擁有好習慣，人生是彩色的；擁有壞習慣，人生是黑白的——160
02 慎選人生伴侶——178
03 避免欲望型消費——181
04 節儉，但不小氣——184
05 避免隨意購物——190
06 成為自己的人生設計師——建構藍圖或計畫——193
07 持續投資你的儲蓄存款——196
08 謹慎投資——198
09 讓你的錢各自歸位——200
10 避免陷入「生活方式升級心理」，勿將你的生活加大升級——201
11 保持心胸開放，別讓偏見影響你的財務決定——204
12 結交有儲蓄習慣的朋友——207

13 為你心中最重要的東西儲蓄——215
14 金錢等於自由——219
15 財富自由的首要條件是身體健康——220
16 創造多種收入來源——222
17 富裕不只在金錢——七種富裕類型——225
18 變有錢並非單一事件——227
19 好目標vs.壞目標——229
20 好習慣帶來好運，壞習慣帶來厄運——233
21 財富消除五十八%的人生問題（與壓力）——235
22 財富遊戲計畫——242
謝辭——252

【前言】

改變人生的理財習慣與決定

當我巡迴全美各地，對高中生與大學生講述致富的精準方法時，我總是先問大家下列三個問題：

「有多少人想要成功致富？」

「有多少人認為自己將會成功致富？」

幾乎每一次我問前兩個問題時，底下每一隻手都會舉高。然後，我會問第三個神奇問題：

「有多少人曾在學校上過如何成功致富的課？」

關於第三題，從來沒有人舉手。很顯然地，每個學生都想要成功，也認為自己終會成功，但他們的父母或老師卻從來沒傳授過任何方法。不但學校沒有提供成功致富守則的基礎課程，就算有，也不多，而且都只是教導基本的財務管理。於是我們把小孩養成金錢文盲，無法成為人生贏家。

為什麼有很多人成天被帳單追著跑？為什麼大多數人擁有的債務比資產多，還有許多人一旦失業就保不住房子？為什麼工業化社會裡大多數人無法讓下一代讀大學？這樣想來就一點都不奇怪了。

我花了五年時間，研究兩百三十三位百萬富翁的生活習慣（其中一百七十七位是白手起家），想要找出他們做對了哪些事。我也觀察了一百二十八位在貧困中掙扎的人，試圖找出他們做錯了什麼。之後，經由數以千計的媒體訪問，以及我的書——《富習慣》（*Rich Habits*）、《富孩子》（*Rich Kids*）、《改變習慣改變生活》（*Change Your Habits Change Your Life*）和《習慣致富》（*Rich Habits, Poor Habits*），我與世界上超過一億人分享這些富人習慣與窮人習慣。這些書有很多都成為暢銷書，其中《富孩子》還贏得了一些文學獎。因此，我以研究習慣與財富的專家身分受到大家注目，不僅在美國如此，在全世界各地也是。

我撰寫本書的目的是要與你分享，在人生的不同階段，你需要擁有哪些聰明理財習慣，好讓你能累積足夠資金，達到財富自由。我之所以會知道這些聰明理財習慣確實有用，是因為這些年來，我在世界各地的讀者與粉絲寫給我成千上萬的信、電子郵件、卡片與社群網站貼文，向我表達他們的感謝；他們說這不僅幫助他們脫離貧困或中產階級生活，更轉變了他們與孩子的生活。而你也即將從本書學到這些累積財富的策略作法，讓你的孩子、孩子的孩子從中受益。你的後代將會對你心懷感激，因為你教會他們的，是從我的「富習慣研究」中獲得的致富好習慣。

我不想誤導你，累積財富不一定輕鬆，還可能很辛苦，端看你用何種方式開創財富以達到財富自由。從我的富習慣研究中，我發現累積財富有四種不同途徑：

累積財富困難度第一名：夢想家／創業者途徑

追求夢想可能會是所有你做過的事情中，最物超所值的一件事，可以獲得個人滿足感，還可能大賺一筆。在我的研究中，夢想家／創業者樂在工作，而那樣的熱情也反應在他們的銀行帳戶中。這組白手起家型的百萬富翁，擁有七百四十萬美元的平均資產淨額，遠遠超過我所研究的其他組百萬富翁們。不過，這麼驚人的財富是有代價的。

夢想家／創業者的代價

一、工時長：我所研究的夢想家／創業者們，平均一週工作六十一個小時，連續工作十二年，幾乎沒有週末與休假。這種超時工作會衝擊到夢想家生活圈裡的每一個人，家人與朋友更首當其衝。常見的狀況是：他們的伴侶必須一人當兩人用，宛如單親家庭般獨力照顧小孩。他們花太多時間在工作上，原本往來親近的朋友也會漸行漸遠。

二、財務壓力：在夢想開始帶進大把鈔票之前，要先做到收支平衡，這可能會產生令人幾乎喘不過氣來的壓力。要從那樣的壓力中存活下來，只有身心夠強壯的人才辦得到，這還包括他們的伴侶也要夠強韌。在創業初期，想要有穩定收入幾乎不可能。在如此壓力下，脆弱的婚姻狀況很可能瀕臨破裂。

三、高風險：夢想家必須投入他們所擁有的一切，不論是他們的房子、退休金，還是存款，都得化為啟動夢想列車的柴火。當夢想家再也沒有資產可以運用時，別無選擇地，他們只能舉債以繼續資助夢想。幸運的人或許最終可以維持良好的信用表現，在經濟上週轉自如；而運氣沒那麼好的人，就得被迫依賴信用卡或向親友借錢度日，直到時來運轉的那一天。追求夢想本身就是一場賭局，無法保證夢想一定會成功回本，有很多人失敗認賠。事實上，在我的富習慣研究中，有百分之二十七的人都曾至少經歷過一次失敗。失敗可能意味著破產；有時候，破產隨著離婚的腳步而來。

累積財富困難度第二名：大公司攀爬者途徑

攀爬者是指大型公司的工作者，整個職涯都在公司裡努力往上爬，直到抵達階層的最高級——資深經理人。在我的富習慣研究中，攀爬者要花上大約二十二年，才能累積到三百四十萬美元的平均資產淨額。這筆財富的來源大多來自員工配股分紅，或是合夥人利潤分配。

攀爬者的代價

一、工時長：如同夢想家一樣，攀爬者必須長時間工作。許多攀爬者還要經常出差。機場、旅館、計程車成為常見的生活場景。而且，攀爬者大多需要在週末與假期加班。

二、專精辦公室政治：除了工作辛苦之外，攀爬者還要精通辦公室政治術。熟稔此道的人，都很有能力應付內部競爭者——那些會扯你後腿或者偷偷中傷你的其他攀爬者，因為那些時刻正是往上爬的大好機會。公司裡總是會有一些攀爬者想方設法要挖你牆角，好讓他們的個人計畫進度提前大躍進，那計畫通常跟你想的一樣，就是更進一步接近公司高層職位。

三、有力的人脈：攀爬者需要高超的人脈技巧。那些有能力在大型公司爬上高層職位的人，不管在公司內部或整個產業，幾乎都很擅經營人際關係。然而，要建立如此堅實、有力的人脈，需要時間、精力與大把鈔票，像是經常打電話問好、頻繁的娛樂聚會，或是出席婚禮、生日宴會或葬禮，以及在特殊節日寄送貼心小卡片等等。光是經營處理這些人脈相關事務，就足以占去你大部分工作時間。

四、風險：如同夢想家一般，攀爬者途徑也要面對一些特殊風險。如果公司財務發生困難，不管原因為何，你已經為公司投入的時間可能就無法獲得相對報酬，短少的程度甚至遠超過你想像。

累積財富困難度第三名：頂尖專家途徑

如果你是個「頂尖專家」，那意味著你是該產業或領域中的佼佼者，其中又可以分為知識型或技術型專家。頂尖專家因為自身擁有的專業而能獲得較高的報酬。高報酬的意思是說，他們能夠比同領域的其他非專家同儕賺取較多的金錢收入。

頂尖專家的代價

一、可觀的投資成本：要成為頂尖專家必須投注大量時間成本，而金錢方面的投入也不會少到哪裡去。知識型專家要花很多年持續不斷地研究，通常需要接受正規教育，像是獲得高等教育文憑（博士、醫藥、法律學位等等）。而技術型專家必須奉獻許多年光陰，孜孜不倦地投注於「刻意練習」（deliberate practice）與「分析練習」（analytical practice）。刻意練習靠的是花上數千個小時不斷琢磨技術；分析練習通常得有教練、導師或專家提供即時的意見反饋，而大多數時候，這類的建議都需要付費才能獲得。

二、工時長：頂尖專家如同夢想家與攀爬者，都必須長時間工作，不僅為了讓知識或技術更臻完美，也為了讓這樣的能力不致荒廢退步。頂尖專家非常稀少，因此供不應求。高需求量意味著，他們得要花上許多時間滿足他人的請託以換取報酬。

累積財富輕鬆度第一名：儲蓄投資者途徑

如果我跟你說，有一種簡單、保證有效的方式可以累積財富呢？造就白手起家型百萬富翁的這種途徑，不需要特殊的技術或知識，也不需要承擔高工時、壓榨性工作的風險，更不會讓你與家人朋友距離愈來愈遠。

儲蓄投資者途徑不但能以最簡單的方式創造財富，也是累積財富的保證途徑。不過，採取這個途徑有四個前提：

一、**中產階級收入**：如果你的生活貧困，會很難存錢。大多數窮人就算是生活標準很低，也幾乎無法應付日常開銷。但是，如果你擁有中產階級程度的收入，並且能降低你的生活開銷，你就有能力可以存到錢。

二、**自律心**：典型的儲蓄投資者會把收入的二〇％存起來，或存更多，然後用剩下的錢支付生活所需。這得先有強迫儲蓄的自律能力，以及把花費降到最低的自我控制力。

三、**持續性**：儲蓄投資者經常存錢，並且持續地將存下來的錢轉投資，這樣一來，他們的財富才能年年成長。

四、**時間**：典型儲蓄投資者的持續存錢與謹慎投資習慣，平均會維持三十二年以上。

在我的富習慣研究中，儲蓄投資者平均有三百三十萬美元的累積財富。這種途徑需要你趁早開始執行——幾乎一踏入成人社會就要啟動。

如果你年紀稍長，但仍想追求富裕的退休生活，那麼就要將過去未能儲蓄的時間，以十年為一個單位計算，每晚一個十年，就要從現在開始多存一〇％的金額，而且不能太早退休。舉例來說，如果你在三十五歲左右決定踏上儲蓄投資者途徑，那麼你的年度儲蓄額度必須是淨收入的三〇％，並且要工作到六十五歲左右。如果你是四十多歲開始，年度儲蓄的比例就得是四〇％，然後工作到你七十多歲才退休。

許多人的生命都會經歷這些階段：童年、小學、中學、大學（有些人）、第一次買公寓、結婚、生子、第一次買獨棟房子、經營日益茁壯的家庭、維持工作與家庭平衡之下尋求職涯發展、空巢期，最後退休。**如果你在某個階段做出錯誤的財務決定，可能會引發漣漪效果，對接下來一個或多個階段造成影響。**要是犯了很多錯誤，你會發現自己在接續的成人生活裡，一直處於追著錢跑的狀態。

而那些在每個生命階段都做了正確決定的人，則是把自己放在財富成功的首席位置。我將在本書中說明，在每個人生階段你所應該做的事，好幫助你在財富方面成功達陣。

明智的財務決定奠基於聰明的理財習慣。當你擁有聰明理財習慣，你就能夠在人生的每一個階段存到錢並用來投資。即便你的孩子離家自立，或是你進入退休生活，都是如此。你不用擔心錢不夠用，也不需要在財務上依賴你的小孩或伴侶。

財富成功不是一蹴可幾，而是逐步達成的。了解並依循這些步驟，就能保證你至少做到財務自由，甚至是擁有富裕人生。

本書即將與你分享的這些步驟，就隱身在每個人生階段特有的聰明理財習慣裡。透過一步步學習本書傳授的課程，你將立刻躋身進入金字塔頂端的五％人口——永遠不用為錢操心的五％富有族群。

第1章

富爺爺傑西的計畫

為了他的孫子，傑西空出所有時間。他盡心盡力教導這些孩子們，引領他們發揮最好的一面。為了達成這個目標，傑西構思了一個計畫，或者說，一場冒險。他們即將踏上一場壯遊……

澤西海岸（The Jersey Shore）是一個神奇的地方，世界上幾乎沒有地方與它一模一樣。這條海岸線從桑狄胡克（Sandy Hook）一路延伸到五月岬（Cape May），綿延約兩百一十公里。那一片美麗的離岸沙洲島與海灣，無與倫比的海灘，其中點綴著雄偉燈塔、別緻小漁村，以及自陸地延伸出去、作為相鄰海灘之間界線的突堤；有些海岸擁有看似無窮延伸的木作碼頭，有些則是以巨大岩石搭建、用以迎戰凶猛海浪的石造碼頭。澤西海岸最獨一無二的風貌大概就是特殊的木棧道了。每個海灘展示陳列著各自的木棧道，就像孔雀展示牠雄偉的羽毛，彼此盡情較勁，努力吸引每個夏季降臨澤西海岸的海灘愛好者。

傑西．賈柏斯（JC Jobs）心情相當興奮，因為他兒子剛剛把三個孫子載到他位於馬納斯寬海灘（Manasquan Beach）的家。他們即將與傑西共度整個七月，他開心極了。傑西心想，這三個孩子剛好到了適合學點東西的年紀，最小的凱希是十二歲，老二克絲汀十三歲，老大布蘭登剛滿十五歲。他們都很崇拜傑西，愛聽他說故事，而傑西的故事最多了。

傑西在世界各地享有盛名，他所撰寫的成功學勵志書暢銷全球超過五億本。忠實的書迷包括一串名人，有世界各地的總統、參議員、國王、王子、執行長、白手起家的百萬富翁、好萊塢演員、備受敬重的教師、宗教領袖、公司老闆與任何你能想得到的專業人士。慕名而來的團體組織曾付一萬美元只為了邀請他去演講，在一九八五年，對講者來說那可是很大一筆數目。現在，就算傑西已經六十九歲了，他甚至比以前忙碌，在世界各地飛來飛去，到處分享他的研究與課程，這占去他相當多時間。除此之外，傑西也持續更新他的研究，每年寫一本新書分享他的成功學研究成果。

不過，如果是為了孫子，傑西會空出所有時間。他盡心盡力教導這些孩子，引領他們發揮最好的一面。為了達成這目標，傑西構思了一個計畫，或者說，一場冒險。他們即將踏上一場壯遊——為期一個月的澤西海岸突襲行動。

「我為大家準備了一場大冒險。」當孫子們安然抵達時，傑西微笑地向孫子們宣布。他催促著他們走進飯廳，在那兒，一幅大地圖覆蓋在兩百多公分長的餐桌上。

「那是什麼？」凱希邊問傑西，邊瞇著眼睛想要看清楚地圖。

「這是紐澤西所有海灘的地圖。」傑西頑皮地笑著回答她。

「為什麼你要把它放在餐桌上？」布蘭登問。

「我剛剛說啦。我為大家準備了一場大冒險。」傑西一派輕鬆地聳聳肩。

「什麼大冒險？」凱希很想知道。

傑西已經在地圖上標出整個澤西海岸最好的十二處海灘。他告訴孫子們，計畫的頭幾天是待在馬納斯寬海灘的家裡，接下來他們要把裝備塞進傑西的休旅車，開始造訪一個個海灘。當傑西開始解釋更多計畫細節時，他們的臉上全寫著興奮之情。

「我猜，從馬納斯寬出發後，我們需要大約一個月才能走完所有海灘，所以我們預計一天去一個海灘，然後晚上睡在休旅車裡。我們會去走走木棧道，在那裡逛街、玩遊戲機、吃東西。每個海灘提供的活動我們都要參加並盡情享受，一個都不錯過。」孫子們聽了，馬上像墨西哥跳豆一樣開心地活蹦亂跳，很期待未來一個月與傑西共度的愉快時光，傑西則露出一抹古靈精怪的微笑。

第 2 章

認識不一樣的新鄰居

造成貧困與富裕的原因，竟然如日常生活習慣那樣簡單……我開始採用「富習慣」，而漸漸地，我的生活開始改變，我開始賺錢並存到錢，而我也變得比以前更健康。

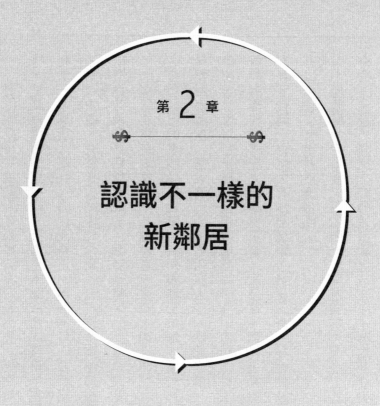

他們的旅程從馬納斯寬海灘的傑西家出發。馬納斯寬海灘的木棧道相當獨特，是整個澤西海岸中唯一不是用木頭搭建的棧道。實際上，它不算棧道，反而是一段長達八百公尺的水泥路徑，與海平行，介於第一大道與沙灘之間。沿著第一大道，有許多人開店做生意，你可以買到衝浪板、泳裝、泳圈、拖鞋，所有你的沙灘假期所需要的，應有盡有。

這些店實在太好逛了，這一老三少花了兩天時間，買足他們覺得這趟海灘之旅用得上的東西，有風箏、夾角拖鞋、T恤，還有玩沙的桶子與小鏟子，這樣傑西就能挖一個大沙坑裝下祖孫四人了。除此之外，他們也買了矽膠噴霧，傑西通常會用它來穩固他相當自豪的沙堡。他們還買了拼圖、書、防曬乳液、新的海灘椅、一把大沙灘遮陽傘，以及孩子們從未見過的大尺寸沙灘浴巾。傑西甚至找到一台巨大的沙灘拖車，這樣一來，在他們往返車子與沙灘之間，就可以拿它來裝這些沙灘用品。

他們購物完畢後，花了幾天時間遊遍第一大道上的遊樂場。三個孫子在木棧道上玩過一間又一間的遊戲場之後，小小臉龐充滿笑容，這讓傑西很開心。

他盡可能滿足他們小小的渴望：凱希想養的寄居蟹、克絲汀想吃的冰淇淋、布蘭登想要的橄欖球。孩子們的爸媽總不厭其煩地要傑西別太寵他們，尤其最讓他們煩惱的就是寄居蟹了，因為在凱希帶牠們回家後，這些生物總撐不過幾天。儘管如此，接下來一個月，傑西還是可以獨占孫子們，他一心一意想讓他們享受到人生最快樂的時光。

傑西之所以是傑西，其中一項特色是，他熱愛競爭。傑西喜歡和他的孫子在木棧道遊戲區一較高下，像是射鴨子遊戲或裝水球比賽。每場比賽前，傑西總會誇口說要狠狠打敗孫子們，這讓他們氣得牙癢癢的。

遊戲一開始，傑西通常會大幅領先，但神奇的是，孫子們似乎總能在最後一刻險勝爺爺。傑西會假裝生氣，丟下玩具槍，朝著遊戲場工作人員大喊，抱怨比賽有問題或他的槍壞掉了。孩子們總是對傑西又吼又叫，笑他是輸不起的人。對任何人來說，這一幕不過是澤西海岸常見的畫面，但這對傑西來說，就是天堂。

經過木棧道遊戲區一陣廝殺後，他們也夠累了，於是返回休旅車，一起把車上的沙灘用具裝到小拖車上，然後在海灘上消磨下半天。

「傑西，再跟我們說一次，你夢到奶奶什麼？」凱希問。他們三個坐在沙灘椅上，眼睛盯著傑西。打從這些孩子出生，他們就叫他傑西，而不是叫爺爺。他允許了，甚至還有點喜歡這樣。這讓他不但覺得有點特別……也覺得自己沒那麼老。

傑西在沙灘椅上仰躺，定神看著波動的海水溫柔地輕撫海岸，從肥厚雪茄深深吸一口，然後吐氣。「你們的奶奶很喜歡澤西海岸。她的夢想就是讓你們的爸爸、兩位姑姑在海邊長大。可惜的是，在一九五七年時，我那小小的認證會計師事務所收入不多，搬到澤西海岸一直是遙不可及的夢想。然後，你們奶奶得了癌症，她過世時，你們的爸爸還是個五歲小男孩。那時我很氣自己，我當一個會計師，如果能夠賺更多、存更多，就會有足夠的錢讓奶奶獲得更好的醫療照顧，而不是得等到我在報稅季忙完後，才有錢讓她動手術。報稅季過後，奶奶終於去看醫生了，但已經太遲了，幾個月後，她就永遠離開我們。那讓我墜入憂鬱深淵長達一年的時間。在我最低潮的時候，她在我夢中出現。」

「她說了什麼，傑西？」克絲汀打斷問道，即便這三個孩子已經聽過這個故事一百遍了，也知道接下來發生的事。

「她說：『你需要做的事，就是問正確的問題。』我當時不懂那是什麼意思，但她的話烙印在我腦海中。不久後，我突然很想要訪問富人與窮人，想好好了解是什麼原因讓富人有錢、讓窮人缺錢。所以我訪問了兩百三十三位有錢人和一百二十八位窮困的人。我花了將近四年的時間，用一百四十四個問題詢問每位受訪者。我想知道，從他們睡醒下床後，到晚上睡覺前，這段時間他們做了些什麼。我想找出原因，為什麼有那麼多人和我一樣在財務上掙扎求生，而其他人則能累積巨大的財富？我希望，如果我能夠發現真相，就能幫助其他人從財務壓力中解脫出來，倘若伴侶需要醫療照顧，他們也能負擔得起。

「令我大感驚訝的是，我的研究顯示出，造成貧困與富裕的原因，竟然和你的日常生活習慣一樣簡單。我認知到，某些特定的生活習慣會對財務狀況大有幫助，而某些習慣則會使它變得更糟。我開始採用許多我稱之為『富習慣』的生活方式。而漸漸地，我的生活開始改變：我開始賺錢並存到錢，而且變得比以前更健康。這需要花點時間，但每件事都變得不同了。

「在我已經培養了富習慣、也開始教導別人這麼做之後沒幾年，那是一九六五年，我決定寫一本書，向全世界分享我的研究。我把那本書取名為《富習慣》。最後，那本書總共賣了將近一億本，那些『富習慣』改變了我的人生。而現在，我們正坐在馬納斯寬海灘上。你們奶奶的去世竟讓我們能夠享受紐澤西海灘，真是諷刺呀。她曾經那麼想要看到你們的爸爸與姑姑們在馬納斯寬長大啊。」

傑西湧出淚水。孫子們從各自的海灘椅起身，奔向他，給他大大的擁抱與親吻。傑西把眼淚擦乾，重新打理好自己，才繼續說故事。

「馬納斯寬是一個非常特別的地方，這得要大大感謝馬納斯寬河渠道。在一九三一年，當美國陸軍工程兵團（US Army Corps of Engineers）疏通此處，並在兩側放置大片護岸設施，將原本又窄又淺的渠道改建成又深又寬的永久渠道，成為河海船隻往來的主要通道。消息傳開後，這個渠道成為小鎮主要收入的資產，它吸引了數千名漁夫與船家，除了有紐澤西當地人，也有從紐約市及市郊遠道而來的外地人。後來，許多夏天來馬納斯寬避暑的人愛上這個地方，開始在這裡購買度假小屋。在一九六七年，這裡到處都是新房子，我的房子就是那批早期新建房子其中之一，距離海灘有十個街口。正因為距離海邊有十個街口那麼遠，不怕海水倒灌，所以我這一區的房子都配有完整的地下室，這是老房子沒有的設計。

「就在我們搬進新家幾個月後，有其他兩戶人家也搬來了。住我右邊的是歐尼爾家，左邊的是維柏林家。湯姆．歐尼爾是一名成功的律師，他與太太養育三個小孩。歐尼爾家的小孩跟你們的爸爸、姑姑差不多大。湯姆也是一位認證會計師，跟我一樣，他的第一份工作是在安達信（Arthur Andersen）會計師事務所，那是當時全世界最大的認證會計師事務所之一。兩年後，他帶著存下來的稅後淨收入，離開安達信，前往紐約大學就讀法律學院。就在紐約大學那一帶的酒吧，他遇見了未來的妻子，瑪格麗特。她在紐約大學主修物理治療，和湯姆一樣，大學期間也是半工半讀。她為了大學學費，在紐約大學附近的酒吧打工。約會幾次之後，他們雙雙墜入愛河。湯姆從法律學院畢業後，他們結婚了。

「後來湯姆在紐約市一家非常知名的律師事務所裡工作了幾年，跳槽到曼哈頓下城一家大公司，成為該公司團隊裡的專利律師。不久後，他們的第一個兒子麥可出生，緊接的是尚恩與馬修。他們原本住在北紐澤西的聯排別墅（town house），住了好幾年，那時湯姆努力工作，而瑪格麗特認真存錢。幾年後，他們搬到馬納斯寬，成為我的鄰居。他們搬進來那天，我正好在屋外。我還幫忙他們搬東西呢，因為他們沒有雇用搬家公司。

「就在歐尼爾家入住幾個星期後，維柏林一家也搬來了。約翰．維柏林與湯姆．歐尼爾一樣，是非常成功的律師，和太太瓊恩一同養育三個小孩。約翰就讀紐約州奧爾巴尼法學院時也是半工半讀，然後與湯姆．歐尼爾相似，他第一份工作是在紐約市某家非常知名的律師事務所上班，那是一個好的開始。事實上，他就是在那裡認識妻子的，她是一位法務祕書。」

「那麼，如果歐尼爾先生與維柏林先生都有好工作，為什麼後來維柏林一家搬走了呢，傑西？」克絲汀問。

傑西微笑著，朝克絲汀眨眨眼，把雪茄從口中拿出來，指著她說：「克絲汀，我要說的故事就是從這裡開始。你看，我的兩位鄰居都從同樣的地方開始發展，但他們最後抵達不同的地方。」

傑西伸手探進他的旅行袋，拿出一本記事本、一支自動鉛筆與一把尺，把它們遞給布蘭登。

「小布，你現在正式成為我們的書記官。」傑西說。

「要做什麼呢，傑西？」

「這個故事分成很多段，每一個部分都像是拼圖其中的一片。我們在每一個海灘會聊一個主題，而你要記錄下每個主題。現在，在第一頁上方寫下『摘要整理』。接下來，畫四個格子。第一欄上方標示『主題』，第二欄是『湯姆』，第三欄是『約翰』，最後一欄是『約翰的差額』。」

布蘭登按照傑西的要求，一字不漏地完成，然後把本子傳給其他人看。

傑西轉頭望向他家的方向，那個離海灘有十個街口的地方。「明天我們出發去桑狄胡克，到時我再開始說歐尼爾與維柏林兩家的故事。」

摘要整理

主題	湯姆	約翰	約翰的差額

第 3 章

訂婚階段的規畫與決定

湯姆與約翰雖然有一樣的職業，賺一樣多的錢，
但在訂婚這階段做了非常不同的決定。
比起約翰，湯姆在這段人生，省了多少錢？

桑狄胡克舉世聞名，不只因為它是紐約市的國際船運通道，它也在獨立戰爭中贏得美譽。當時英國戰艦經常在桑狄胡克綿長的海岸線集結，準備前往鄰近的曼哈頓作戰，這裡也是波士頓（Boston）與南卡羅萊納（South Carolina）兩條戰線交鋒的地點。

在陸地海灣區這側的海蘭茲（Highlands），是一個慵懶的海邊小鎮，到處可見酒吧、餐廳、甲板、碼頭、小房子，距離海灣都很近。雙雙流入大西洋的納維辛肯河（Navesink River）與舒茲伯利河（Shrewsbury River）灌溉滋養著這個灣區，外側則被桑狄胡克這個離岸沙洲島所環繞，保護海蘭茲免受大西洋滔長浪的滔蝕侵襲。

桑狄胡克擁有又寬又長的原始沙灘，長約十一公里，是傑西與孫子們的下一個目的地。

他們在桑狄胡克選了一處沙灘，安適地躺進沙灘椅，傑西開始說起下一段故事。「湯姆．歐尼爾在律師事務所開始新工作沒多久，他就決定向瑪格麗特求婚。很多朋友都建議他去蒂芬妮（Tiffany's）買訂婚鑽戒，好給瑪格麗特一個大驚喜。問題是，蒂芬妮的戒指要價最少五千美元，而他的銀行帳戶只有一千美元。湯姆不想因為買戒指而背上債務，因此捨棄了蒂芬妮這個選項。他有個朋友認識紐約鑽石區[1]的一個珠寶商。擅長討價還價的人，在那裡可以獲得接近批發價的好價格。於是，湯姆帶著一千美元現金，以及他那蘇格拉底式條理分明的辯證技能，在某天下班後，前往交易所購買他這輩子以來售價金額最高的東西。」

傑西深深吸了一口雪茄，徐徐吐氣後，繼續說下去。

「在此同時，約翰．維柏林就像湯姆一樣，在律師事務所的新工作開始沒多久，也決定向女朋友瓊恩求婚。約翰真的很想給瓊恩一個驚喜，所以他去了蒂芬妮，找到心目中的完美戒指。但美中不足的是，那個戒指要價五千美元，而約翰手上也只有一千美元。所以約翰必須思考的是：應該買較便宜的一千美元戒指，還是借四千美元來買蒂芬妮戒指？約翰最後決定要買蒂芬妮，然後他

1 鑽石區（Diamond District）位於紐約市第五大道與第六大道之間的第四十七街，聚集上千家鑽石珠寶經銷商，是美國鑽石珠寶交易的重要地點。

去拜訪了幾家銀行，看哪一家能夠借他四千美元。約翰花了很多時間跑銀行、填寫表格，最後有一家同意貸款給他，很大一部分是決定於他的職業與那間雇用他的知名律師事務所。貸款的條件是綁定三年還款與年利率八%。約翰簽下貸款同意書，從銀行拿到一張四千美元的支票，立即存進他自己的銀行帳戶。幾天之後，他帶著寫上自己名字的五千美元支票，走進了蒂芬妮，把那只戒指帶回家。」

傑西用雪茄朝每個孫子指了指。「好，我的小天才們，誰能告訴我，比起約翰，湯姆省了多少錢？」

凱希馬上舉手。「四千美元，傑西。」

「沒錯，這是兩只戒指的差價。但還有另一件事我們沒有注意到。有人知道嗎？」

布蘭登、克絲汀、凱希彼此看來看去，想著誰會知道答案。傑西躺在椅子上，讓這些小腦袋們盡情運轉。

「貸款，」布蘭登大叫著：「約翰跟銀行借錢，而湯姆沒有。」

「為什麼這很重要？」傑西問。

「因為有利息。」布蘭登馬上回應。

「完全正確！」傑西神情驕傲地大聲肯定他，拳頭用力拍在自己膝蓋上。

「約翰因為銀行借他四千美元而必須付出利息。有人知道利息是多少嗎？」傑西問。

克絲汀舉手。「他每年得付八%的利息，一共要付三年。所以，一年是三百二十美元，乘以三，總共是九百六十美元。」克絲汀露出自信的笑容，讓每個人都知道她算的準沒錯。

「哇喔！」傑西大驚，稱讚克絲汀反應快速的數學頭腦。

「好的，小布。在我給你的筆記本裡，第一條線那兒寫下『訂婚戒指』。這是我們第一個要討論的主題。現在，在湯姆那欄，寫下『一千美元』，在約翰那欄，寫下『五千九百六十美元』。最後那欄，也就是『約翰的差額』，寫下『四千九百六十美元』。」

布蘭登依照傑西的指示填完空格，把本子遞給傑西檢查。

摘要整理

主題	湯姆	約翰	約翰的差額
訂婚戒指	$1,000	$5,960	$4,960

*金額單位為美元。

「嗯，很好。所以，你們看這裡，」傑西指向「約翰的差額」那欄裡的四千九百六十美元，說：「湯姆與約翰雖然有一樣的職業，賺一樣多的錢，在訂婚戒指上做出非常不同的決定。約翰的決定讓他比湯姆多花了四千九百六十美元。大家都看到了嗎？」傑西翻折出這一頁，傳給每個孫子看仔細。

他們三個都同意地點點頭。

「今天就講到這裡。明天我們會去希布萊特海灘（Sea Bright Beach）。歐尼爾家與維柏林家有人要結婚了，所以明天我們要去參加婚禮啦。」

第 4 章

婚禮階段的規畫與決定

婚禮有時會很花錢。一個不小心，支出很容易就失控了。
你現在付出的錢，其實是在支出未來的財富。

希布萊特海灘是傑西一行人的下一個停駐點。頻頻衝擊澤西海岸的颶風，結合墨西哥灣暖流所形成的海流，將南紐澤西的沙土帶往桑狄胡克，這讓希布萊特海灘成了這些海流經常滔蝕的對象。諷刺的是，如此不穩定的海岸線，也正是希布萊特海灘獨特魅力的所在。

希布萊特是一個面積約一．三平方公里、狹長的屏障型半島，位於桑狄胡克的南端。它的一側有舒茲伯利河，而另一側是大西洋。在如此特殊的地理條件下，為了要保護海岸與河岸邊的住家免受大自然的威脅，當地打造了一道防波護岸。這些防波護岸由巨石組成，再以水泥加強固化，長度接近整個希布萊特海灘的長度，一路沿著沙灘外側建造，有些部分高達四．六公尺。希布萊特因為這道特殊的防波護岸，使它在所有的紐澤西海灘中獨樹一格。傑西打算在希布萊特海灘與孫子們分享下一段的故事。

「婚禮有時會很花錢。」傑西說。

那時他們安穩地坐在沙灘椅上，腳下是希布萊特沙灘特有的粗沙。

「一個不小心，支出很容易就失控了。例如，你要在哪裡辦婚宴？愈高級的地方，收費就愈高。你會邀請多少人參加婚禮？賓客愈多，婚宴費用也愈多，因為大多數宴會廳都是依人數收費。你要提供免費酒吧或是收費酒吧？如果是前者，要開放多久？兩小時、三小時，還是四小時？你要安排加長禮車嗎？需要多少輛？樂團呢？高級樂團還是平價樂團？也許你可以雇用一位DJ，那比請樂團便宜一些。你的禮服預算是多少？會有幾位伴娘與伴郎？伴娘的禮服費用也是由你支付嗎？」

傑西短暫沉默，讓這些提問深深進入孩子們的腦中。

「這些是歐尼爾與維柏林要面對的抉擇。他們都來自貧困家庭，因此他們的父母都無法提供金錢援助。他們只能靠自己了。歐尼爾家認為，最好的辦法是列出預算，看看有多少錢能夠花在這上面。湯姆．歐尼爾發現，如果他與未婚妻能夠在婚禮支出上有共識，就能幫助消除因決定衍生出的情緒反應。

「婚禮預算清單上第一項是婚宴會場。他們設定餐點支出不能超過一千兩百五十美元，免費酒吧不超過五百美元。兩人也同意，只邀請一百二十五位賓客。這意味著，他們得找到一家婚宴場地的條件是一個人頭不超過十美元，這很不容易。在參觀過好幾家宴會場地後，最便宜的也要一個人十五美元。他們決定向親友詢問，看看是否有其他較划算的方案。

「湯姆有個朋友知道紐澤西蒙默思郡有個地方叫『蒙默思軍官俱樂部』，那裡一個人只要十美元。約翰與瑪格麗特前去探訪，發現那是個很簡單的會所場地，沒什麼華麗的裝潢。不過，一個人只要十美元，比其他地方都便宜，而且也在他們的一千兩百五十美元預算之內。唯一的條件是，租用者或家庭成員之一，要是退伍軍人身分。很幸運地，湯姆與瑪格麗特兩人的祖父都曾在第一次世界大戰中服役，這使他們有資格申請使用這家俱樂部。

「他們下一個要決定的是免費酒吧。俱樂部的收費標準是每小時每人三美元，客人可選擇常備烈酒、一罐啤酒（兩種品牌擇一）與一杯葡萄酒（紅酒或白酒）。湯姆與瑪格麗特都同意將免費酒吧限制為兩小時，但令人洩氣的是，即便如此也需要七百五十美元。這部分他們只有五百美元的預算，所以還少兩百五十美元，而樂團預算是兩百美元。幸好，瑪格麗特童年時的鄰居長大後在一個週末樂團工作，大多在婚禮或週末舉行的典禮上演奏。他們樂意並答應在瑪格麗特的婚禮上表演，收費一百美元，這讓他們省下了一百美元。湯姆跑去跟花藝公司商量是否能以物易物，他願意提供對方一年免費的認證會計師服務，因此，花藝公司沒有收取花藝布置費用，並且獲得了湯姆的時間與專業知識。如此一來，他們又省下一百美元。

「湯姆與瑪格麗特詳細檢視清單，一一確認他們的花費都在預算之內。那加長禮車呢？一輛兩百美元的就已經足夠了。婚紗的部分，瑪格麗特用一百五十美元買到一件現成的禮服，雖然看起來一點都不華麗，但也算符合她的需求。湯姆則是在二手商店找到一套無尾禮服，他們再修改成合身的尺寸，一共花了七十五美元。其他的就是一些小東西的花費。

「整個婚禮辦下來，總共花了他們兩千六百二十五美元，比原本兩千五百美元的預算只多出一百二十五美元。幸好，他們收到的所有禮金價值三千六百二十五美元，這意味著，扣除婚禮花費後，他們還剩下一千美元。他們用其中的五百美元去度蜜月，剩下的就存入銀行。」

傑西從沙灘椅中起身，伸展一下雙腿，打算等會再繼續剛剛的婚禮故事。

「來吧！每個人都站起來，動動身體讓血液流通一下。」傑西下令。

他們全都站起來，花幾分鐘伸展手腳，然後才坐回椅子上繼續聽故事。

「維柏林夫妻則是做了非常不同的決定。他們不像歐尼爾夫妻為婚禮規畫預算。不過，他們也列出了要決定的婚禮事項清單。在造訪幾間婚宴場地之後，他們選了瓊恩與她母親喜歡的地點。只是，那個地方非常貴，包含食物與提供的設施服務，一個人頭要價四十美元。在一九四九年，四十美元可是一筆很高的金額，那相當於現在一九八五年的一百美元。」

「你說『現在一九八五年的美元』，是什麼意思？」凱希問。

傑西想了一下，脫口說出：「通貨膨脹。」

他頓時停住，在想要怎麼向孫子解釋通貨膨脹。

「如果今天我們要買一輛全新的腳踏車，那要付多少錢？」傑西問。

「六十美元。」布蘭登很有自信地回答。其他人都點頭同意。

「好。」傑西說。「那麼，維柏林夫妻是在一九四九年結婚的。現在六十美元的價值相當於一九四九年的二十五美元，會有這樣的差異是因為通貨膨脹。**通貨膨脹代表的是物價隨著時間增加的幅度比例。每一年，因為通貨膨脹，東西會愈來愈貴。**例如，如果一九八五年的通貨膨脹是三%，這意思是說，隔年你需要花六十二美元來買那輛腳踏車，或者說，比一九八五年的售價多一．三倍。因為通貨膨脹的緣故，商品價格年年升高。所以，一輛腳踏車在一九八五年賣六十美元的話，在一九八六年會是六十二美元，一九八七年是六十四美元，一九八八年是六十六美元，以此類推。因此，如果你是在一九四九年花二十五美元買這輛腳踏車，換到一九八五年的現在，你必須花上六十美元才買得到。同樣的道理，在一九四九年時，維柏林夫妻為每個婚禮賓客花的四十美元，在一九八五年的現在，就會是一百美元。」

「為什麼這件事對這個故事來說很重要，傑西？」克絲汀問道。

「這是因為維柏林一家已經預先花了未來財富中的一百美元了。**你現在付出的錢，其實是在支出未來的財富。**在一九四九年用二十五美元買一輛腳踏車，等於你在一九八五年少了六十美元。現在，想像一下，如果你反而在每一年都存下二十五美元，連續存三十六年。這樣等於是……」傑西在布蘭登的本子上，用他的認證會計師的知識計算了一下。「二十五元乘以三十六年等於九百美元。但因為通貨膨脹的關係，假設每年三%，三十六年之後到了現在一九八五年，九百美元等於一千三百二十六美元的價值。**重點是，你現在花的每一塊錢，都是在大大縮減你未來的財富。**」

傑西短暫停頓，確認他的孫子都有好好吸收，才又繼續他的故事。

「好的，就像我剛剛說的，維柏林夫婦選了每人四十美元的婚宴會場。下一步是決定婚禮賓客名單，這讓他們很掙扎。一開始，兩人列出他們想要邀請的每個對象，一共有三百零六人。他們也知道太多了，於是開始減少人數。最後，花了很多時間來回討論，縮減至兩百位。以一個人頭四十美元來算，總共是八千美元。

「婚禮清單的下一項是婚紗禮服。瓊恩在雜誌上找到一件她喜歡的樣式。問題是那需要特別訂製。他們在紐約市找到一家婚紗訂製店，整件禮服做起來要價三百美元。

「再來要決定的是婚禮免費酒吧。他們選的婚宴會場提供兩個方案：基本款與高級款。基本款是每人十美元，提供兩種不同的啤酒與葡萄酒。高級款是每人十五美元，提供特選烈酒，並有啤酒與葡萄酒各六種可供選擇。他們最後選了高級款，總共花費三千美元。

「一個接著一個，他們逐漸完成婚禮清單上每一個待辦事項，最後總開銷是一萬兩千美元。即便在當時，這都是很大一筆錢。由於他們只存了六千美元來辦婚禮，剩下的就得靠親友贈禮來支付餘額了。婚宴會場同意先收一半的費用，讓他們在婚禮結束後再支付剩餘費用。他們也與樂團、花商、禮車公司協調出同樣的支付方案。他們收到的婚禮禮金總值八千美元，這讓他們還有兩千美元可以用在蜜月旅行上。」

傑西向布蘭登拿了筆記本與鉛筆，撕下一頁空白頁，開始在紙上寫了些數字。寫好後，他把那張紙遞給布蘭登。

「好，根據我的計算，總的來說，湯姆花在婚禮上的金額是兩千六百二十五美元，而約翰是一萬兩千美元。」

然後他把筆記本與鉛筆還給布蘭登。「小布，下一個主題寫『婚禮』。在湯姆那一欄寫上兩千六百二十五美元，約翰那欄寫一萬兩千美元。這中間的差額是九千三百七十五美元，把這個數字列在『約翰的差額』裡。」

布蘭登依照傑西指示完成記錄，然後給每個人瀏覽更新後的內容。

「明天，我們的目的地是朗布蘭奇海灘（Long Branch Beach）。我們要去度蜜月囉。」傑西用很有個人特色的方式大聲宣布。

摘要整理

主題	湯姆	約翰	約翰的差額
訂婚戒指	$1,000	$5,960	$4,960
婚禮	2,625	12,000	9,375

*金額單位為美元。

第 5 章

蜜月旅行的規畫與決定

簡樸的生活其實就是一種習慣。我們所選擇作為人生伴侶的對象，對於我們的金錢生活有著巨大影響。他們可以幫助強化好的金錢習慣，或者帶來不良的金錢習慣。

「我們會在朗布蘭奇海灘停留兩天。」傑西告訴孫子們，這時大家正舒適地躺在沙灘椅上。

「為什麼是兩天？」克絲汀問。

「是這樣的，我在想我們可以花一天在沙灘上，另一天在碼頭。」

「傑西，碼頭有什麼？」布蘭登問。

「有兒童世界！」傑西充滿笑容地大聲宣布。

凱希跟著尖叫，「兒童世界！什麼是兒童世界？」

「兒童世界就是朗布蘭奇最酷的地方，如此而已。」傑西一副就事論事的口吻。

「別的地方是玩一個遊戲設施就要付一次錢，」傑西接著說：「但是在那個地方，你只要付一次錢，愛玩幾次都隨你高興。另外，那裡還有一個叫做『豪宅鬼屋』的地方，占地約九百三十平方公尺，有三十個房間、祕密通道與通風坑道。另外，『活死人墓園』會有殭屍企圖抓住你，扮演殭屍的演員有各式各樣嚇人的裝扮，有的會吃蜘蛛，有的會想喝你的血，也有睡在棺木裡的死人，夜晚會出現超過三十種怪物。」傑西邊說邊搓著雙手，像一個瘋狂科學家般地露齒笑著。

三個孫子聽了，興奮地放聲大笑。

「但在我們去碼頭之前，我要先講故事。下一段，主題是歐尼爾夫妻與維柏林夫妻各自的蜜月旅行。小布，在摘要那頁的『婚禮』下方，寫下『蜜月旅行』。」布蘭登照做了。

「簡樸的生活其實就是一種習慣罷了。我們看到湯姆有節儉的習慣，而約翰沒有。那他們的太太呢？要知道，我們所選擇作為人生伴侶的對象，對於我們的金錢生活有著巨大影響。他們可以幫助強化好的金錢習慣，或者帶來不良的金錢習慣。在下一段故事裡，你們就能完全懂我的意思了。」傑西停頓一下，深深吸入一口帶著鹹海水味的空氣，然後開始他的蜜月旅行主題。

「湯姆的同事建議他應該帶瑪格麗特去夏威夷度蜜月。湯姆有點排斥這個建議，因為夏威夷很遠又貴。但是湯姆知道，就像結婚戒指那樣，這不該是他一個人做決定的事，所以他向瑪格麗特提起這個話題。瑪格麗特對於去夏威夷這個想法，和湯姆一樣持保留態度。她反倒提議，為什麼不花一個星期在澤西海岸度蜜月呢？她認為這樣不僅不用花太多錢，兩人又不用飛來飛去，反而能多享受一些蜜月時光。在一九四九年那時，澤西海岸小鎮開始發展起來，其中在歐遜格洛福（Ocean Grove）的消費還很平實，而且這個地點距離湯姆與瑪格麗特所居住的紐澤西北部才九十分鐘車程。歐遜格洛福擁有一些歷史性的雄偉旅館，離海邊也才一兩個街口，於是他們選擇去那裡度蜜月。

「湯姆之前的工作是救生員，熱愛海灘，對於物超所值的澤西海岸蜜月提議當然非常開心。他們倆做了些功課，選定入住曼徹斯特旅館，那是鎮上最價廉物美的選擇。住一個星期的旅館費用是四百美元。更棒的是，這費用還包辦了早餐與晚餐。瑪格麗特心想，就算他們跳過幾餐免費晚餐，選擇到外面餐廳用餐，酒水餐點的支出也不會超過一百美元。所以，這趟蜜月旅行的費用總共是五百美元。」

傑西站了起來。「來吧，每個人都站起來，活動一下筋骨。」

布蘭登、克絲汀、凱希都從椅子上跳起來，跟著傑西跑向海灘。他們在沙灘上做了十個伏地挺身、三十次仰臥起坐。孫子們都很佩服傑西的體能，即便已經六十九歲了，他精實的跑者身材上，每一寸肌膚都布滿線條分明的肌肉。傑西保持經常運動的習慣，從他帶領孫子做了好幾種健身動作中可見一斑。當他們坐回沙灘椅，傑西繼續說故事。

「好的，小布，你知道該怎麼做了。在『蜜月旅行』的右邊、湯姆的那欄寫下五百美元。」布蘭登照著傑西的指示寫好數字。

傑西從椅子上探身而出，用溫柔又充滿智慧的眼神一一看著他的孫子們。

「約翰和湯姆不同，他已經答應太太會有一次充滿異國風情的蜜月旅行了。他想去的是離紐澤西很遙遠的澳洲布里斯本黃金海岸（Gold Coast）。在一九四九年，搭飛機旅行是很新穎且十分昂貴的事。他知道，那將是一趟所費不貲的蜜月旅行，而且單程飛行時間就得花上二十六個小時。

「儘管如此，他還是向瓊恩提了這個點子。瓊恩喜歡這個計畫，但是她也懷疑兩人是否能負擔得起這筆費用。約翰解釋說，婚禮收支的結餘有兩千美元，加上他有份不錯的薪水，過一段時間一定能付清這筆款項的。他只是需要找到一家旅行社，願意同意他們延後付款，不管要多付多少差額都沒關係。瓊恩順從了約翰，反正他是賺錢的那個人，如果他覺得沒問題，她就雙手贊成。

「約翰提議讓瓊恩安排旅行的事。瓊恩在鎮上找到一家旅行社，幫忙處理預定各種事項等細節。旅行社的人問瓊恩，他們的預算有多少？她說，有婚禮剩下的兩千美元，但她先生是紐約市一家大型律師事務所的律師，收入相當不錯。旅行社的人打了幾通電話，在一小時內安排出一趟食宿機票全包的蜜月旅行，要價四千美元，其中的三千六百美元是旅行費，四百美元是延遲付款的手續費。瓊恩不懂後者是什麼意思。旅行社的人說，他們會向無法預付全額的客人收取一份額外費用，以旅費的一〇%計算。瓊恩抗議說，他們會先支付兩千美元，所以這個額外費用應該從未支付的部分來計算才對。旅行社的人解釋，不是這樣算的。瓊恩回家和約翰討論這件事。約翰告訴她，他們想去的地點是澳洲，不然還能怎麼辦呢？於是，他們最終付了那額外的四百美元。」

在傑西告訴布蘭登該怎麼記錄前，布蘭登已經在約翰的名字那欄寫下四千美元，然後計算出兩人的差額，把結果寫在「約翰的差額」那欄底下。

「你算出來是多少？」

「三千五百美元。」布蘭登回答，然後給其他人瀏覽那一頁。

「太棒了！」傑西大喊，露出大大的笑容。

後來，傑西信守承諾，帶著孫子們到朗布蘭奇碼頭的兒童世界。在那兒，他們一整天玩了很多遊樂設施，吃棉花糖，在豪宅鬼屋被嚇得半死。

摘要整理

主題	湯姆	約翰	約翰的差額
訂婚戒指	$1,000	$5,960	$4,960
婚禮	2,625	12,000	9,375
蜜月旅行	500	4,000	3,500

*金額單位為美元。

第 6 章

新家庭的第一間公寓

大部分的新婚夫妻通常會先租便宜的公寓來住，直到他們存夠錢可以買房子。歐尼爾與維柏林兩夫妻也不例外。而這兩對夫妻的選擇與想法，很不一樣……

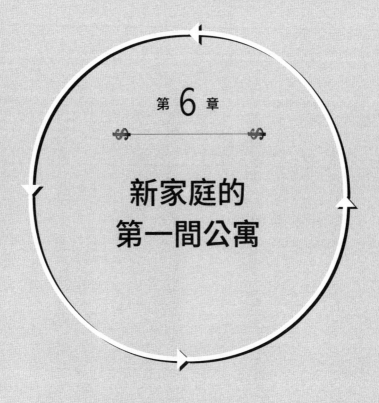

他們一行人抵達亞斯伯利帕克（Asbury Park），布蘭登、克絲汀、凱希從休旅車下車時，仍沉浸在朗布蘭奇所帶來的興奮裡。

「這裡也有遊樂園嗎？」凱希滿懷希望地問。

可惜的是，曾經繁榮又深具歷史的亞斯伯利帕克歷經幾次衰退，到一九八五年的現在，看起來又舊又破。它一度是二〇、三〇、四〇年代的紐約市與紐澤西北部有錢人家的據點，而現在則呈現年久失修的狀態，實在令人傷心。

在花園州高速公路（Garden State Parkway）、蒙茅斯購物中心（Monmouth Mall）、六旗大冒險樂園（Great Adventure）陸續啟用開幕後，許多商家被迫搬離這裡，連帶他們的律師、會計師也相繼離開。七〇年代爆發的種族暴動也讓此地更加殘破不堪。皇宮遊樂園（Palace Amusement）即將於今年夏天關門大吉，傑西想要在這之前帶孫子們去玩一次。除此之外，亞斯伯利帕克仍然擁有一大段沿著寬廣海岸搭建的美麗木棧道。

「這地方曾經是很大的賭場。」傑西說，那時他們正沿著沙灘，尋找一個休息的好地點。「規模僅次於亞特蘭大市賭場。成千上萬的人每到夏天就會來這裡開心度假。澤西海岸一帶沒有其他地方比得上這裡。令人惋惜的是，現在這裡只剩過去繁榮的殘影了。我希望，有一天他們會復甦亞斯伯利帕克，因為這裡真的有個很美的沙灘。」傑西聽起來有點陰鬱。

當他們坐定位時，傑西又開始說著歐尼爾家與維柏林家的故事。

「大部分的新婚夫妻通常會先租便宜的公寓來住，直到他們存夠錢可以買房子。歐尼爾與維柏林兩夫妻也不例外。因為湯姆．歐尼爾在紐約市工作，他和瑪格麗特便想在靠近紐約的地方找一間便宜公寓。他們尋訪北紐澤西的許多城鎮，終於在霍勃肯（Hoboken）找到一個符合他們預算的落腳處。在一九四九年，那裡住著很多愛爾蘭裔美國人，而在史坦登島（Staten Island）最大的愛爾蘭社區長大成人的湯姆，自然希望住在熟悉的環境裡。除此之外，紐約暨紐澤西港務局（Port Authority）才剛完成荷蘭隧道（Holland Tunnel）的建置工程，這讓湯姆從霍勃肯通勤到紐約市的距離變得很短。那間公寓的月租是一百五十美元，而通勤到紐約的交通費一個月是二十美元，所以，住在霍勃肯的一個月基本開銷是一百七十美元。

傑西點燃一根胖胖的邱吉爾雪茄，然後繼續說下去。

「約翰·維柏林則想要走路去上班，所以他和瓊恩專心尋找曼哈頓中城的公寓。雖然他們省下搭車的通勤費，但在那一區的房租也花了他們不少錢。最後，他們租到一間狹窄的小套房，一個月房租三百美元。這兩對夫妻都在他們的第一間公寓一直住到一九五五年。」傑西停頓一下，用眼神掃描每個孫子。

「那麼，這六年他們分別花了多少錢？」傑西問。

當下一陣靜默。傑西很有耐心地等了又等。終於，布蘭登舉起手。

「歐尼爾夫妻花了一萬兩千兩百四十美元，維柏林夫妻花了兩萬一千六百美元，差額是九千三百六十美元。」

傑西請布蘭登給他記事本，在上面開始寫一些數字。

「數字是正確的，小布。現在加上一個新標題『租公寓』，就寫在『蜜月旅行』下面，然後把數字填進總表裡。」

布蘭登在傑西剛剛計算數字時就已經把項目寫上，並且馬上給大家看更新過的總表。

摘要整理

主題	湯姆	約翰	約翰的差額
訂婚戒指	$1,000	$5,960	$4,960
婚禮	2,625	12,000	9,375
蜜月旅行	500	4,000	3,500
租公寓	12,240	21,600	9,360

*金額單位為美元。

第 7 章

存錢與儲蓄的規畫

歐尼爾夫妻很擅長存錢。要這麼做不簡單，他們是有計畫的。

如果想開始培養一個好習慣，就跟同樣擁有那個好習慣的人相處。這就是歐尼爾夫妻做的事；這就是他們能夠存到很多錢的原因。

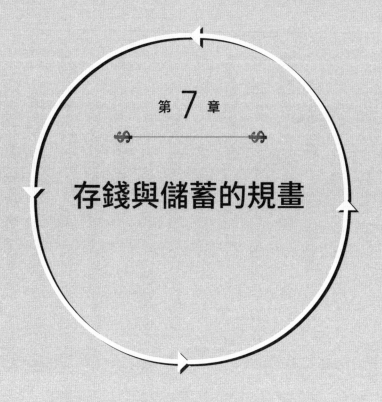

「到下一個目的地的車程不會太久。」傑西說。

他們那時正圍坐在休旅車的小廚房餐桌吃早餐。一如往常，傑西會比孫子們早幾個小時起床，等著孩子們的是傑西拿手的炸薯條、培根、香腸、鬆餅、吐司，以及熟度剛剛好的炒蛋。傑西喜歡為他們下廚，然後眼神充滿笑意地坐看他們吃得津津有味。

「從亞斯伯利帕克到歐遜格洛福有多遠？」布蘭登問。

「其實我們可以從這裡走到歐遜格洛福。」傑西說：「就是這麼近。但我們就得在木棧道上拖著所有的椅子、洋傘、冰桶。這裡的木棧道從亞斯伯利帕克連結到歐遜格洛福、阿房鎮（Avon）、貝爾瑪（Belmar），最後到史普林雷克（Spring Lake）。因此，如果想要，我們真的可以一路走到史普林雷克。」傑西說。

「那有多長？」克絲汀疑惑著。

「大約是十一公里。」傑西回答她。

「我可以。」凱希誇下海口。

「你連阿房鎮都走不到啦。」布蘭登嘲笑著說。

「我可以。」凱希反駁。

這一來一往的爭吵持續了幾秒鐘，直到傑西打斷他們。

「有人知道歐遜格洛福與其他紐澤西海灘的不同之處嗎？」

大夥兒面面相覷，安靜無言。幾秒鐘過後，傑西打破沉默說：「歐遜格洛福是唯一規定屋主不能擁有土地的城鎮。」

「傑西，那土地是算誰的？」克絲汀問。

「土地所有人是個宗教團體『營會協會（Camp Meeting Association）』，我想他們隸屬於基督教衛理公會（Methodist）。這個協會擁有這小鎮的一切，包括海灘。任何人只要在歐遜格洛福買房子，就要與協會簽署一份九十九年的土地契約。如果你想的話，甚至可以把你家的房子給小孩繼承。在這裡，營會協會掌控一切。幸好今天是星期二，不是星期日。」傑西表示。

「為什麼？」克絲汀問。

「協會在星期日關閉海灘直到中午十二點。」傑西回答。

「你等一下會發現，這裡沒有酒吧。」他接著說。

「歐遜格洛福禁酒，不能賣任何酒精飲料。但是那裡有很美的沙灘，就在車門外等著我們。」傑西打開休旅車車門。他們下了車，把拖車裝滿海灘用品，往沙灘前進。

當他們坐在沙灘椅上時，傑西朝布蘭登比了比。「現在，我們講到哪裡了，小布？昨天故事停在哪裡？」

「昨天講到『租公寓』。」布蘭登看了看摘要頁後回答。

「好，我想應該來談談歐尼爾與維柏林夫妻的存錢習慣。」傑西提議。

傑西要布蘭登在「租公寓」下方增加一個主題：存款。布蘭登寫好後，傑西繼續說他的故事。

「歐尼爾夫妻很擅長存錢，在霍勃肯租公寓這六年間，他們每個月可以存三百美元。要這麼做不簡單，但他們是有計畫的。每個月，湯姆從公司分兩次領到薪水，他會把支票交給瑪格麗特，瑪格麗特就會在隔天存進銀行裡。過幾天後，支票結清入帳，她會回到銀行兌領出兩百美元，把其中一百五十美元存到夫妻共同儲蓄帳戶，她與湯姆用剩下的五十美元作為生活費。湯姆用其中的二十美元支出通勤交通費與其他項目，瑪格麗特則用三十美元買食材、雜貨、衣服與其他家用品。湯姆幾乎每天都自己帶午餐以降低開銷，而瑪格麗特會到處去找折扣服飾店或日用品店。她甚至會剪集優惠券來降低日常開支。湯姆剩下的薪水則用來支付房租、水電費、保險以及其他生活支出。如果他們在月底還剩一些錢，瑪格麗特會轉到儲蓄帳戶裡存起來。」

「傑西，他們都沒有休閒生活嗎？聽起來他們好像從來沒有花錢去餐廳吃飯、看電影，或做其他有趣的活動。」凱希說。

「喔，他們有喔，剛剛你提到的他們都有享受到。他們會在週五、週六晚上和一樣節儉的朋友們聚會，是這樣的……」傑西暫停了一下，想了想，然後繼續說：「**讓自己身邊圍繞著對的人是很重要的，就是那些跟你想法相似的人**。以歐尼爾夫妻來說，他們最常相處的朋友，對用錢也非常謹慎。他們擁有一樣的節儉觀念，所以這讓歐尼爾夫妻更能持續堅守他們的存錢策略。如果他們的朋友都很愛花錢，也不儲蓄，那會讓他們也很容易放棄自己的計畫。」

「為什麼會這樣？」凱希問。

「**習慣是有傳染力的。**」傑西說：「**習慣會像病毒一樣在你的社交圈蔓延開來。如果你和愛花錢的人混在一起，你也會變得愛花錢；如果是和節儉的人往來，你就會變得節儉。**歐尼爾夫妻很早就體悟到這點，所以會和有同樣節儉想法的朋友聚在一起。你有沒有發現？喜歡喝酒的人總是跟其他嗜酒的人聚在一起；熱衷賭馬的人，也會跟一樣熱衷賭馬的人碰在一塊兒。這只是人性，我們喜歡物以類聚。**如果你開始培養一個好習慣，那就跟同樣擁有那個好習慣的人相處。**這就是歐尼爾夫妻做的事。這就是為什麼他們能夠存到很多錢的緣故。」傑西說完稍微停頓一下，才又繼續。

「想不想知道你們之中誰能比我快？」傑西露出他瘋狂科學家式的笑容。

他從背包裡拿出三支鉛筆，分別遞給他的孫子們。

「小布，從你的筆記本中撕下空白頁，給我們一人一張。」布蘭登撕下三張紙，交給克絲汀、凱希與傑西。

「好。現在，讓我們看看誰能第一個算出來：歐尼爾夫妻住在租來的公寓六年後一共存了多少錢？準備好，現在開始！」

孫子們忙亂地在各自的紙上計算。傑西假裝也在算。克絲汀第一個舉手。

「算出來了。是兩萬一千六百美元。」她很有自信地說出答案。

傑西假裝在紙上算了一下，好像在檢查克絲汀答案正不正確。

「沒錯，你真是我的小天使。你答對了。」傑西稱讚克絲汀，她滿臉得意的神情。

「我想……」傑西話說到一半，開始在紙上又算了一輪。算完後，他繼續說：「我想，當初的兩萬一千六百美元，相當於現在的七萬兩千美元。」

「哇喔，這麼多錢！」布蘭登大叫。

「是啊。」傑西回應。「可惜的是，維柏林夫妻不大會存錢。他們住在紐約公寓的那段時間裡，大概只存了五千美元。等一下當故事進入另一章，也就是這兩對夫妻各自要買第一棟房子時，你們就會知道這些儲蓄有多麼重要了。小布，我們來更新一下記錄。」

布蘭登照做了，然後展示給大家看。

摘要整理

主題	湯姆	約翰	約翰的差額
訂婚戒指	$1,000	$5,960	$4,960
婚禮	2,625	12,000	9,375
蜜月旅行	500	4,000	3,500
租公寓	12,240	21,600	9,360
存款	21,600	5,000	16,600

*金額單位為美元。

「吃冰淇淋的時間到了。」傑西宣布。

歐遜格洛福是一個別緻的小鎮，有著許多商店，像是冰淇淋店、鞋店、服飾店、咖啡店與販售海灘用品的商店。那裡甚至有一家小戲院，除了播放電影之外，也會提供其他的表演節目。這整個小鎮就像是美國畫家諾曼・洛克威爾（Norman Rockwell）筆下的世界。

他們找到一家完美精緻的冰淇淋店，坐在外面吃冰。享受完冰淇淋之後，他們走過幾個街口就回到了沙灘上。

第 8 章

買下第一棟房子

當兩人準備好要生小孩，換個房子比較能讓一家人擁有足夠的空間。此時，買房子的計畫很合理。

之後有一天，你還會想把房子賣掉，並且希望在賣房子時，獲得的金額比當初購買的價格高，然後就可以用那份多的錢去買另一間房子……

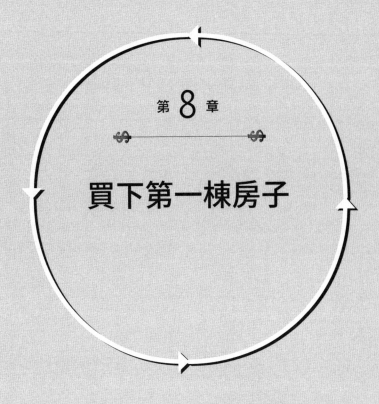

傑西移動他的椅子，歐遜格洛福的陽光悄悄往他這方向移動過來，開始炙烤他的腳了。當他完全躲進大陽傘底下納涼時，他開始說起下一段故事。

「湯姆與瑪格麗特住在那間公寓時能存下兩萬一千六百美元，都得歸功於他們省吃儉用的理財習慣。他們決定用存款中的一萬美元作為頭期款，買下價值三萬美元的一棟聯排別墅。夫妻倆已經準備好要生小孩，覺得住在這樣的房子比較能夠讓一家人擁有足夠空間。此時，買房子對歐尼爾夫婦來說很合理。他們思考著，每付掉一期房貸，他們就能為房子增加房屋淨值（equity）。除此之外，如果這棟房子的房價上漲，淨值就更提高了。但要買房子，意味著他們得向銀行借貸兩萬美元。因為他們自付頭期款的金額很高，所以許多銀行都很願意借錢給他們，並且是以三%的低利率。他們最後決定借款的銀行，提供了十五年的還款期限，而不是三十年，這樣一來，他們就能夠早一點還完貸款，並更快增加房屋淨值。」

凱希打斷傑西，問：「房屋淨值是什麼意思？」

傑西停下來，思考了一下這個問題，然後回答說：「房屋淨值，就像是儲蓄帳戶。」

凱希似乎還是很疑惑，所以傑西用另一個角度切入。

「每一次你付錢給銀行，就是在償還銀行借給你的購屋貸款，付一次就少欠銀行一些錢。這意思是說，你就愈來愈能擁有你的房子了，這就是房屋淨值。有一天，你會把房子賣掉，那你會希望在賣房子時，你獲得的金額比當初的購買價格更高。房屋增加價值的部分，也是一種房屋淨值。你擁有的房屋淨值愈高，你賣房子時拿到的錢就愈多，然後你可以用那份多的錢去買另一間房子。懂了嗎？」凱希點點頭，傑西繼續說下去。

「就在歐尼爾夫妻買下房子不久後，他們決定是時候生孩子了，他們的計畫是生三個。他們知道，終究會搬到另一間更大的房子，更適合一家五口。整個仔細考量之後，歐尼爾夫妻想，如果每個月支付給銀行比原本規定的金額再多一些，會是一個聰明的辦法。他們決定每個月多償還兩百美元。這筆額外支付的兩百美元，為他們的房子每個月增加兩百美元的淨值。等到他們要賣房子時，這些每個月額外的支付款項將累積起來，為他們增加更多房屋淨值。

「這棟房子他們只住五年就賣掉了，房屋淨值相當高，讓他們不但能夠在馬納斯寬海灘買獨棟別墅，還只需要跟銀行借一小筆錢就夠了。房貸愈少，每個月要還給銀行的錢就愈少，付出的利息也愈低。那時，他們的房子以五萬美元售出。由於他們每個月多償還兩百美元給銀行，因此當他們賣房子時，房貸只剩下四千美元。」

傑西的手夾著雪茄，朝三個孫子比了比。「現在，有誰可以告訴我，歐尼爾夫婦在賣完房子之後獲得多少房屋淨值？」

克絲汀第一個舉手回答：「四萬六千美元。」

「答對了！」傑西拍拍手，傾身在克絲汀額頭上吻了一下。「不過，有件事我忘了告訴你們。當房子最後以五萬美元售出時，他們還得付一筆錢，叫做成交費用（closing cost）。成交費用是指你得要繳納的手續費，支付給協助你賣房子的人，包括房地產經紀公司、律師、產權公司，還有一些其他相關人等。其中，房地產經紀公司拿到的最多。如果他們成功幫你賣掉房子，費用通常是房屋成交價的五％。當初歐尼爾夫婦要賣房子時，他們就決定要靠自己來賣。為此，瑪格麗特在好幾份報紙上刊登廣告，最後賣給出價最高的人。這樣幫他們省下了多少錢呢？」傑西問大家。

布蘭登馬上脫口而出：「兩千五百美元。」

「沒錯！」傑西讚許地拍拍小布的右肩。布蘭登回以一個驕傲的笑容。

「但他們還是要付手續費給其他協助的人，總共花了一千美元。所以，在付完所有費用之後，他們獲得多少淨值呢？」傑西又問大家。

沉默了幾秒鐘之後，凱希伸出她的腿，大叫說：「四萬五千美元！」

「你算對了，我的小凱希蒂亞。」傑西笑著說：「讓我們一起算一遍：五萬元減去四千元的剩餘貸款，再扣掉一千元的成交處理費，等於四萬五千元。這樣大家都懂了嗎？」他們都點頭表示同意，於是傑西繼續他的故事。

「至於約翰呢，因為他花了很多錢買結婚戒指，他與瓊恩也把之前的儲蓄都用在蜜月旅行了，當他們要買房子時，存款所剩不多，所以只好選擇售價兩萬五千美元的單層公寓。

「單層公寓不像聯排別墅或獨棟別墅那麼容易增值，加上他們能夠拿來付新房子頭期款的存款也不夠。他們在紐約租公寓的那五年，只存到五千美元。他們想用其中三千美元當頭期款，所以只能用剩下的兩千美元採購家具與裝修。由於頭期款只有三千元，要找到銀行願意借兩萬兩千美元就變得很困難。而且，因為頭期款金額太低，銀行要求的房貸利率是五％，償還年限就拉長到三十年。這意思是說，比起歐尼爾夫婦，他們得付出更多利息，而且要花更多時間才能付清房貸。」

「還有他們的房屋淨值也更低，對嗎，傑西？」凱希插進這句話。

「沒錯，凱希蒂亞。」傑西回答她。

「結果，就像歐尼爾夫婦一樣，維柏林夫婦在住了五年之後，也想出售他們的公寓，去馬納斯寬海灘買新房子。當他們賣掉公寓時，還有兩萬美元的貸款沒還清。他們透過一家房地產經紀公司，找到一個願意出價三萬美元的買主，這個價錢只比當初他們的購屋金額多了五千元。房仲公司的費用是一千五百美元，其他成交費用加起來是一千美元。有誰知道，最後他們的房屋淨值是多少？」傑西看到大家呆掉的眼神。

「我們來練習數學吧。」傑西說：「三萬元，扣掉兩萬元，再扣掉一千五百元與一千元，等於七千五百元。」

傑西眼神掃過一圈，確認孫子們都有跟上。

「好，小布，現在我們來記錄一下，歐尼爾家的房屋淨值是四萬五千元，維柏林家的是七千五百元。」

布蘭登依序寫下。不用傑西指示，他主動在上面加標題「房屋淨值」，並且算好差額，把數字填在「約翰的差額」那欄，然後拿給傑西與妹妹們看。

傑西點頭表示肯定。

「在當時，那可是好大一筆錢。」他說。

在每個人都瀏覽過更新總表後，傑西繼續他的故事。

「過低的頭期款造成的負面影響，在於它拉低了馬納斯寬這棟新房子所能增加的淨值，也因為貸款條件的緣故，他們每個月能償還的本金部分變少了。更糟的是，他們付的頭期款甚至不到房屋價值的二〇％，這使得他們每個月要多付五十美元的私人貸款保險費（PMI），對於頭期款不能支付房價二〇％

的借款人，銀行就會要求借款人支付這筆私人貸款保險費。也就是說，他們的房貸月付金額比湯姆與瑪格麗特都來得高。高額月付房貸意味著他們每個月剩沒多少錢可以儲蓄了。高房貸、私人貸款保險費、無法好好儲蓄，以及單層公寓不如別墅的心理缺憾，全都攪和成一股負面影響，不但殃及他們的財務狀況，也限縮了未來的儲蓄能力。」

傑西從椅子上站起來，告訴大家是時候去衝浪了。布蘭登、克絲汀與凱希也從椅子上起身，和傑西比賽看誰先跑到海裡。

摘要整理

主題	湯姆	約翰	約翰的差額
訂婚戒指	$1,000	$5,960	$4,960
婚禮	2,625	12,000	9,375
蜜月旅行	500	4,000	3,500
租公寓	12,240	21,600	9,360
存款	21,600	5,000	16,600
房屋淨值	45,000	7,500	37,500

*金額單位為美元。

第 9 章

新添家庭成員的階段

當我們擁有不好的財務習慣，我們通常不會理解到，這些不良習慣會如漣漪般向外擴散，對我們做的其他事都造成影響。

並且，在往後三十年，都得為這些用錢壞習慣付出代價。

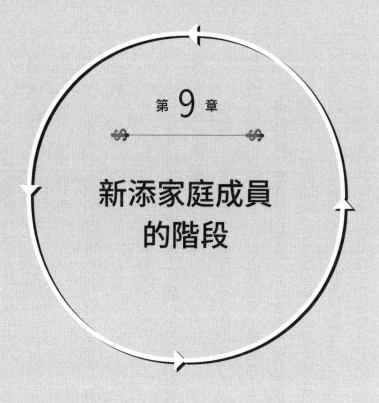

「傑西，你說維柏林夫婦在金錢上做的決定，對他們的財務造成骨牌效應嗎？」克絲汀一臉疑惑地問。

「沒錯。」傑西回答。

「但是他們在馬納斯寬海灘的房子比歐尼爾家的更大、更豪華啊。」克絲汀反駁。

「而且也比你家大。」凱希補上一句。

這是克絲汀與凱希不懂的地方。維柏林在馬納斯寬的家，遠比歐尼爾家或傑西家來得寬敞又漂亮。

「是沒錯。」傑西說：「他們的房子是比我們家大多了。我在下兩段故事會提到這件事。再等一下。」傑西微笑著，繼續說下去。

「湯姆與瑪格麗特在買婚戒、蜜月旅行、買聯排別墅與清償房貸等時刻所下的財務決定，在他們決定買下馬納斯寬的房子時，幫了很大的忙。如同我們所知道的，歐尼爾夫妻賣掉他們的聯排別墅時，他們的房屋淨值已經相當地高，當他們要買馬納斯寬的房子時，那筆額外的淨值收入就很好用了。

「歐尼爾夫婦用先前累積的房屋淨值收入買下馬納斯寬的新房子，他們能投入的頭期款遠比維柏林夫妻多很多。事實上，因為他們實在太會存錢了，在買下這間價值十萬美元的新家時，他們有能力先付六萬美元。這意思是說，他們只需要跟銀行開口借四萬美元，就可以買到新房子。正因為他們首付這麼多，才能夠談到十五年的還款期限，而銀行也願意以利率很低的二．五%借他們四萬美元。每個月要償還的房貸支出愈低，月底能存的錢就愈多。歐尼爾夫妻決定每個月多付三百美元，好幫助他們快點還清貸款，另外，他們也每個月存下三百美元。」

傑西從沙灘椅上起身，拍拍兩手，提議大家打開午餐保溫袋。

「午餐時間到了。」他宣布：「讓我們來弄一些吃的。午餐結束後，我們去木棧道散步一下，然後再回來繼續說故事。聽起來如何？」

每個孩子都點點頭，傑西開始拿出食物與飲料。吃完午餐，他們朝木棧道走去。

玩遊戲的一小時歡樂時光很快結束了，他們決定回到沙灘椅上休息。坐定後，傑西繼續他的故事。

「我們說到哪了？」布蘭登把筆記本遞給傑西。他仔細地看了一遍。

「啊，對，維柏林夫婦的馬納斯寬房貸。雖然他們和歐尼爾夫婦一樣，花了十萬美元向同一個建商買房子，但他們選擇升級房屋設備，那讓他們多花了一萬美元。建商總是想盡辦法要從新買家身上搾出更多錢來。這麼做大部分都是不划算的，屢見不爽。建商最能獲得利潤的地方就在房屋升級方案。他們知道，要買新家的買主都很興奮，情緒高漲之下，經常就被沖昏了頭。建商的廣告詞是：『每個月只要多付幾塊錢，幾乎不痛不癢，就能享受更好的房子！』如果是聰明的買家，就會克制情緒，拒絕升級方案。

「很可惜，維柏林夫妻無法像歐尼爾夫妻那般控制得住衝動，他們同意了一萬美元的升級方案。當申請貸款時，他們告知每一家銀行，他們只能付一〇%的頭期款。這意味著他們需要到處拜訪銀行，看能不能找到哪家願意借他們九萬九千美元。最後，他們終於找到了，但該銀行要求的利息是五．五%，因為低額頭期款就表示銀行要承受較高風險，而高額貸款也會轉成每個月的高額房貸支出。這讓他們在每個月底的錢所剩不多，能拿來儲蓄的也就少了。」

傑西舉著雪茄，指了指布蘭登。「現在，小布，在總表的『房屋淨值』底下加註『馬納斯寬房貸』。在湯姆的欄位填入四萬美元，約翰的填九萬九千美元。兩者相減之後的五萬九千美元，填在『約翰的差額』那一欄。」

布蘭登依傑西指示完成筆記，傳給大家查看確認。

「如同我們可以從總表看到的，維柏林夫妻所有的財務決定所出現的結果開始聚沙成塔了。比起歐尼爾夫妻，他們在婚戒上多花了四千九百六十美元，度蜜月多花了三千五百美元，第一間賣掉的房子房屋淨值少了三萬七千五百美元，而在馬納斯寬買的新家則多貸款了五萬九千美元。**你可能會想，不良的用錢習慣在小事情上影響不大，但當我們要做出重大財務決定時，像是買房子，這些不良用錢習慣就會造成嚴重影響。當我們擁有不好的財務習慣，我們通常不會理解到，這些不良習慣會如漣漪般向外擴散，對我們做的其他事都造成影**

摘要整理

主題	湯姆	約翰	約翰的差額
訂婚戒指	$1,000	$5,960	$4,960
婚禮	2,625	12,000	9,375
蜜月旅行	500	4,000	3,500
租公寓	12,240	21,600	9,360
存款	21,600	5,000	16,600
房屋淨值	45,000	7,500	37,500
馬納斯寬房貸	40,000	99,000	59,000

*金額單位為美元。

響。以維柏林夫妻的例子來說，他們的不良用錢習慣逼迫他們申請九萬九千美元的房屋貸款，比歐尼爾夫妻多出五萬九千美元。並且，在往後三十年，他們都得為這些用錢的壞習慣付出代價。」

傑西要布蘭登給他筆記本，然後在一張空白頁裡，傑西以他的會計師專業技能，計算起歐尼爾夫妻與維柏林夫妻這輩子要為貸款付多少利息。

「十萬零三千美元是維柏林家在三十年內要付給銀行的金額。以利息來說，歐尼爾家只要付八千美元，或者說，比維柏林家少了九萬五千美元。」

「好多錢喔。」克絲汀說。

「一點都沒錯啊，克絲汀。」傑西回應她。

「那些錢原本是可以存起來的。」傑西接著說。

「小布，我們最好在『馬納斯寬房貸』的下面增加另一個項目『房貸利息』。」傑西建議。

布蘭登修改完的總表，如圖示。

摘要整理

主題	湯姆	約翰	約翰的差額
訂婚戒指	$1,000	$5,960	$4,960
婚禮	2,625	12,000	9,375
蜜月旅行	500	4,000	3,500
租公寓	12,240	21,600	9,360
存款	21,600	5,000	16,600
房屋淨值	45,000	7,500	37,500
馬納斯寬房貸	40,000	99,000	59,000
房貸利息	8,000	103,000	95,000

*金額單位為美元。

第 10 章

房屋裝修階段

大部分的人，包括做父母的，傾向把頭埋在沙裡，像駝鳥一樣逃避，忽略與他們的孩子討論錢這件事。

如果沒有人說明要怎麼理財，你怎麼有辦法知道該做些什麼？

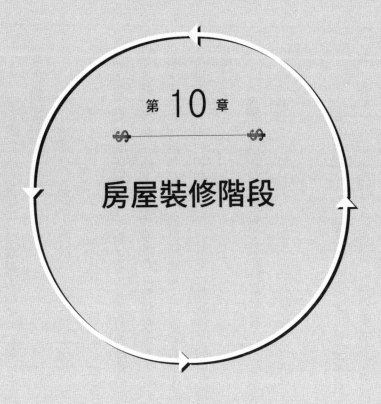

「我們下一個目的地是愛爾蘭人海濱（Irish Riviera）。」傑西邊說邊以鑰匙啟動休旅車。

「為什麼叫做愛爾蘭人海濱？」凱希問。

「二十世紀初，有一位名叫馬汀·馬龍尼（Martin Maloney）的石油大亨帶著家人住在史普林雷克。很快地，其他認識馬龍尼的愛爾蘭裔富裕家庭也開始在那裡聚集。後來，那裡變成許多有錢愛爾蘭人的夏季度假勝地，現在那裡最大的特色，就是它擁有的愛爾蘭裔人口數居全紐澤西州之冠。史普林雷克最特別的地方不只如此，那裡有許多壯觀的維多利亞式房子，有著圍繞全屋的外廊陽台。」

「我們可以在鎮上走走逛逛那些房子嗎？」凱希問。

「我們等下就會去了，如果能先找到停車位的話。」傑西說。

如同剛剛允諾的，傑西帶孫子們在史普林雷克進行兩小時徒步行程。結束後，他們一起把東西放上沙灘推車，朝海灘前進，傑西在那兒繼續說故事。

「歐尼爾夫妻只花了一點錢裝修他們的房子。他們花了四千美元擴增前廊，把它改成圍繞式全陽台。過幾年後，和我一樣，他們把地下室整理好，增加了兩間小臥室和一間全套式浴室。他們甚至跟我找同一家承包商呢。所有的花費和我的相同，是兩千五百美元。除此之外，他們也和我一樣，維持房子的原貌。」

傑西要布蘭登在總表「房屋整修」的「湯姆」那欄，填下六千五百美元。

「維柏林家的房子大概是你家或歐尼爾家的兩倍大耶，傑西。」布蘭登說了他的感想，他剛用鉛筆寫下六千五百美元。

「他們家的確有兩倍大。如果你把整修好的地下室算進去的話，歐尼爾家和我家一樣大約有八十七坪。維柏林家接近一百八十三坪。他們把房子改裝成這個街區最大、最奢華的一棟，同時是馬納斯寬第二名豪華的房子，它是一間小豪宅了。我推測，他們房子裡有十間臥室，而馬納斯寬的房子平均有三間臥室，所以維柏林家真的相當突出，我猜這就是他們想要做到的。當他們住在這裡時，會希望用這間房子讓別人感到驚豔，他們成功了。除了我以外，其他不那麼認識維柏林夫婦的人，會以為他們是資產好幾百萬美元的富翁。此外，他們整修地下室的花費超過六千美元。

「就在完成地下室的部分後，他們擴建整個房子，讓他們家變成兩倍大。承包商想說服維柏林夫妻為擴建部分也增設地下室，我試著勸約翰別這麼做，因為他已經完成主屋的地下室，但是他不聽勸。這讓之前花在主屋地下室的錢都浪費掉了，因為承包商幾乎把先前完成的工程全都拆掉。這次整修用了一年的時間才完成，總共花三萬美元。他們接著為多出的空間增添家具，又花了四千美元。然後不到兩年時間，他們決定加蓋一座游泳池，付了六千五百美元。後續得添購戶外泳池家具，又花了兩千五百美元，接著他們在後院搭建了一個巨大的石作泳畔平台，連接在游泳池一側，這是另一筆四千五百美元。」

「他們哪來這麼多錢做這些改建啊，傑西？」凱希問。

「這兩夫妻花光了約翰賺的每一分錢。」傑西回答：「加上他們拿房子重新貸款，又增加了三萬美元的債務，所以才能支付增建的費用。而且，更糟的是，這筆重新起算三十年的房貸，意味著他們要從零開始償還所有債務。」

布蘭登沒等傑西指示，馬上加總房屋增建的所有費用。

「一共是五萬三千五百美元。老天，這是一大筆錢啊！」布蘭登邊說邊寫下新標題「房屋整修」，填進這筆額外金額，然後給大家看更新的表格。

「他們到底在想什麼啊？」布蘭登問。

「他們是沒有在想什麼。約翰與湯姆．歐尼爾一樣，都是非常優秀的律師。每一年約翰都會獲得很不錯的加薪，再加上分紅獎金，他認為，他的收入會持續增加。而事實上也是如此。但可惜的是，他們的花費也是，這稱為『生活方式升級心理（lifestyle creep）』。夫妻倆花錢的速度和約翰賺錢的速度差不多。」傑西說。

「生活方式升級心理？」克絲汀歪著臉表示疑惑。

傑西想了一下要怎麼跟一個十三歲小孩解釋生活方式升級心理。**「那指的是你提高生活水準好符合你增加的收入。這是我一天到晚在我的書裡以及研討會中所提的窮習慣之一。」**

摘要整理

主題	湯姆	約翰	約翰的差額
訂婚戒指	$1,000	$5,960	$4,960
婚禮	2,625	12,000	9,375
蜜月旅行	500	4,000	3,500
租公寓	12,240	21,600	9,360
存款	21,600	5,000	16,600
房屋淨值	45,000	7,500	37,500
馬納斯寬房貸	40,000	99,000	59,000
房貸利息	8,000	103,000	95,000
房屋整修	6,500	53,500	47,000

*金額單位為美元。

傑西問克絲汀是否懂了，就在她回答之前，凱希打岔，問：「生活水準是什麼？」

傑西思考了一下凱希的問題，然後回答說：「每一戶人家都有一個生活水準。基本上，那就是每個月你為了維持生活所需要花費的錢。人們一生中會累積很多東西，房子、車子、衣服、腳踏車等等。你積存愈多東西，你的生活水準就愈高。那也包括我們需要或想要的東西，例如食物、衣服、鞋子、理髮、醫療、學校用品、度假等等。**有兩樣東西最能迫使你提高生活水準的成本，那就是房子與車子。**你的房子愈貴，你的生活水準支出就愈高。你必須支付地價稅給你居住的城鎮政府，得要修理房子裡壞掉的東西，要付瓦斯費、電費這些公共設施費用，這樣你才能在冬天擁有暖氣，在夏天有冷氣吹。你的房子愈大，就要花愈多錢讓它變暖和及保持涼爽。

「那些生活水準很高的人，通常也擁有比別人更貴的房子，開的車子比別人的貴，也比別人更常出國度假。擁有高級生活水準的意思是，你花很多錢在你想過的生活上。低生活水準則是你沒有花很多錢在你想過的生活上。當維柏林夫婦決定進行那些昂貴的房屋裝修時，他們已經大大地提高他們的生活水準支出。當約翰的收入增加時，他與瓊恩用那筆額外的收入支撐他們過度擴張的生活方式。」

傑西稍微將身體挪向孫子們。「我們接下來會看到，當他們的小孩準備要讀大學時，當初他們這個房屋增建的決定如何回過頭來成為夢魘。現在，小布，我要你把差額那欄的金額全部加起來，這樣我們就能夠看到，比起維柏林的糟糕用錢習慣，歐尼爾的聰明用錢習慣產生了什麼驚人的效應。」

布蘭登算了一下數字。沒一會兒，他就把更新過的總表舉起來給大家看。

傑西大聲吹口哨表示肯定。

「傑西，為什麼你沒有用你的『富習慣』來幫助他們停止做出更多危害自己的事？」凱希疑惑地問。

他對凱希露出一個了然於心的微笑，然後從袋子裡拿出雪茄開始抽起來。他知道這將會是很重要的談話。

「沒有人想要聊錢的事。那是一個充滿情緒與隱私的敏感話題。很多人糾

摘要整理

主題	湯姆	約翰	約翰的差額
訂婚戒指	$1,000	$5,960	$4,960
婚禮	2,625	12,000	9,375
蜜月旅行	500	4,000	3,500
租公寓	12,240	21,600	9,360
存款	21,600	5,000	16,600
房屋淨值	45,000	7,500	37,500
馬納斯寬房貸	40,000	99,000	59,000
房貸利息	8,000	103,000	95,000
房屋整修	6,500	53,500	47,000
總計			$282,295

*金額單位為美元。

結在錢的問題上，這就是其中一個原因。關於要做什麼、該怎麼做，沒有人講得夠清楚。大部分的人，包括做父母的，傾向把頭埋在沙裡，像鴕鳥一樣逃避，忽略與他們的孩子討論錢這件事。如果沒有人說明要怎麼理財，你怎麼有辦法知道該做什麼？」傑西諷刺地問，然後繼續說下去。

「當我開始裝修我家時，湯姆與約翰都曾過來看看我在做什麼。我們三個坐在後院，我招待他們雪茄與啤酒。當我們一邊抽雪茄、喝啤酒時，我向他們展示改建藍圖。湯姆對此很中意，問我可否在完成後，把藍圖借給他，他想要複製我的計畫。『為什麼要做白工呢？』湯姆說。這讓我很高興。約翰告訴我們，他和他太太也想把他們家整修得更完善，我建議他參考我的計畫，但他說他和太太心裡已經有些想法了。他不僅想把地下室弄好，還想擴建房子和蓋一座游泳池。我告訴他，那樣會花很多錢。我跟他說，這些裝修工程是會讓他們家成為馬納斯寬最大、最豪華的房子，但我也告訴他，在馬納斯寬這麼奢華的房子會很難出售。約翰似乎不以為意。他那陣子剛買了一艘非常昂貴的船，而他們夫妻倆花錢的速度和約翰賺錢的速度不相上下，這讓我頗為在意。

「有天，我看到約翰和他太太坐在他們家後院，我鼓起勇氣跟他們聊起理財這個話題。他們知道我的《富習慣》系列書籍，也知道我在全世界各地到處傳授富習慣。我盡最大的努力向他們說明『富習慣』的聰明用錢哲學，但這些話他們只是聽聽罷了。我真的試過了，但是，我沒有成功。我只知道，他們正在挖一個永遠也爬不出來的大坑。你們將在維柏林夫妻接下來的生命歷程中，看到他們的窮習慣如何讓他們最後住進爛房子裡。」

第 11 章

儲蓄與投資的思維

要建立財富有四種方法。你可以存錢，然後拿去投資，可以成為一間大公司的資深經理，也可以在你從事的工作領域裡變成最厲害的頂尖專家，或者，你可以變成追求夢想的創業者。

歐尼爾選擇存錢投資途徑，這是一個保證能創造財富的方法。

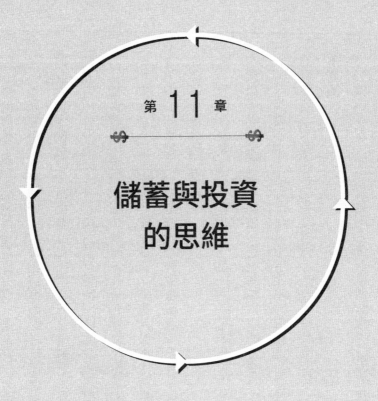

傑西與孫子們的固定行程是每天早上開車到一個新的海灘。

傑西開車時，孫子們通常會在這麼短的車程裡睡上一回。一到新地點，傑西就會穿上慢跑鞋，然後進行每天例行五公里到七公里的慢跑。大部分的海灘都設有戶外淋浴間，一旦傑西結束慢跑，他就會在那裡梳洗一番。

當傑西開始甩鍋準備早餐時，孩子們就會陸續甦醒。他們會在休旅車裡吃完早餐，在外面沖個澡，換上泳衣，把東西裝滿沙灘推車，然後前往海灘。

他們的旅程下一站是波因特普萊森海灘（Point Pleasant Beach）。波因特普萊森以它的木棧道聞名。

簡金森遊樂園（Jenkinson's Amusement Park）就開在木棧道上。這裡每天有數以千計的遊客造訪此處。它有各種不同的遊樂設施——雲霄飛車、兩座攀岩牆、旋轉木馬、讓你三百六十度旋轉的各種遊樂器材，以及像鐘擺前後搖晃的海盜船。那裡還有滿滿五個街區的大型遊戲機店家。木棧道上甚至還有一座水族館。

傑西宣布，他們會有兩天待在這個海灘：一天待在遊樂園，第二天在沙灘上。當他們踏上木棧道時，布蘭登、克絲汀、凱希的眼睛都像羅馬焰火筒一樣亮起來了。克絲汀與凱希手牽手，興奮地上上下下跳著。傑西讓他們盡情發洩。他們如同加農砲發射出的砲彈一樣，到處亂跑亂竄。

「不要走散了。」他吼著，一邊小跑步地在後面努力跟上。「該死，真希望能像他們一樣精力充沛。」他自言自語說著。

傑西陪著他們玩過一個又一個遊樂設施。他甚至也一起加入，像是雲霄飛車。傑西比他的孫子們更愛雲霄飛車。他們幾乎一整天都待在簡金森遊樂園。漫漫長日下來，到了晚餐時間，每個人都累壞了。當他們吃飯時，傑西心想，今天大概會很早睡吧。

果不其然。後來在休旅車裡看電影時，才看到一半，布蘭登、克絲汀、凱希就都睡著了。傑西在他們睡著時，將車上的收納床拉開，把枕頭和被子鋪好，然後把他們一個個抱到各自的床上。傑西自己也虛脫了，這趟旅途中在讀的書才翻不到兩頁，就馬上進入夢鄉。

隔天每個人都賴床了。通常每天五點會起床的傑西也睡過頭，直到聽見七點時海灘清潔車的聲音——他們會在早晨整理沙灘，為海灘愛好者準備好新的一天。

那些用來整理海灘的自動化機器設備讓傑西感到十分驚異。紐澤西的海灘果真是個大型的印鈔票事業啊。每一天，成千上萬的遊客與度假人潮來到每個沙灘，花著他們辛苦賺來的錢換得一小片天堂享受。下午時分，海灘上就會出現各種形狀、大小、顏色各異的太陽傘海，宛如海灘愛好者眼中的七彩糖果。

儘管他們起得晚，九點的海灘仍然沒有什麼人，要等到十點，人潮才會湧現。一如往常，他們找到一個靠近海邊的絕佳地點——在就定位之前，你必須很瞭解潮汐狀況。在月亮的影響下，低潮面通常會持續到中午。然後，海水會開始慢慢地湧上陸地。如果你沒好好計畫，就只能對大海投降，另外再找新的據點。聰明如傑西，總能把他們的海灘傘椅擺在離退潮邊緣約十五公尺遠的地方。這樣一來，當開始出現漲潮時，他們連動都不用動。而且滿朝時，他們就能相當靠近水邊。

「適切準備抵禦不良表現。」在沙灘上找到一個理想地點後，傑西吼出這句話。

「今天的漲潮有點早。」傑西一邊就定位，一邊說。

「海水已經開始往這邊移動了，所以我們需要距離海水大約三十呎[2]。」

傑西於是開始測量距離。他像士兵行軍般邁步，一邊數數。「二十八、二十九、三十。」傑西停在那兒，檢視一下整個沙灘、選定的地點，還有海岸的狀況，然後把遮陽傘立起來。

「就是這裡了，我們的據點。」傑西的臉上笑容燦爛，充滿自信，他再一次戰勝海洋以及它毫不客氣的漲潮破壞行動。

傑西打開遮陽傘，用力插進沙裡。他滿強壯的，儘管已經六十九歲了，還是擁有發達的上臂肌肉、強壯的肩膀、完美的六塊肌與健美先生會有的胸肌。這不是他天生就有的，在傑西的富習慣中，有一項是「天天鍛鍊身體」。每一天，傑西都會跑上五到八公里。每隔一天，他會練習舉重。在傑西身上唯一看

2 三十呎約等於九・一四四公尺長。

起來像七十歲的地方，是他的灰頭髮。他身體的其他部位像是鐵打的一樣。

「小布，我們上次故事講到哪裡？」布蘭登看一眼他的總表。

「我們剛講完『房屋裝修』，傑西。」布蘭登回答。

「好。很好。下一個主題我會講到儲蓄思維。要建立財富有四種方法。你可以存錢，然後拿去投資，可以成為一間大公司的資深經理，也可以在你從事的工作領域裡變成最厲害的頂尖專家，或者，你可以變成追求夢想的創業者。歐尼爾選擇存錢投資途徑，這是一個保證能創造財富的方法。選擇這個途徑的話，你只需要遵守兩條規則即可。**第一條，把收入的二〇％或更多存起來，用剩下的八〇％或更少作為生活費。當你執行第一條規則時，一定要調整生活方式，並且控制生活支出，好讓自己有辦法只靠剩下的八〇％過活。**

「**第二條是持續且謹慎地把儲蓄轉為投資。**年輕時即開始把收入的二〇％存起來並小心用在投資的人，隨著時間累積，一定能夠賺大一筆錢。有些人甚至有辦法在四十幾歲就退休了，這就是歐尼爾夫妻做的事。他們很有儲蓄概念。事實上，他們拿來儲蓄的收入遠多過二〇％。他們存入的是四〇％。那真的需要團隊合作。湯姆與瑪格麗特在結婚初期就設定了計畫，要把每一張收入支票的四〇%存起來，這強迫他們用剩下的六〇%作為生活費。這個策略幫助他們將儲蓄自動化。我們之前講到歐尼爾家的第一間公寓時，我有稍微提到這點：瑪格麗特會把湯姆的支票存到帳戶。當款項結清入帳後，她會再開一張面額是湯姆淨收入四〇%的支票，轉存進儲蓄帳戶。

「當儲蓄帳戶累積到足夠的錢時，湯姆與瑪格麗特會諮詢他們的財務顧問，顧問會幫助他們研究某些特定股票，或者共同基金，歐尼爾夫妻再花了幾個月時間完成自己的研究。當他們準備完投資功課後，會打給他們的財務顧問，指示他將錢投入特定標的物。湯姆與瑪格麗特對投資很小心，**他們只買自己做過研究的股票或共同基金。他們也會自動將股票或共同基金的紅利拿來再次投資。這叫做『股利投資』**(dividend reinvestment)。**在人生大部分的成人階段裡，他們都依循這個儲蓄投資路徑**。最後，他們所擁有的股票與共同基金投資組合的利潤成長非常驚人。

「在一九七〇年代末期，他們也開始將存款投資在房地產上。因為馬納斯寬是一個非常熱門的夏季旅遊勝地，人們會花大錢租房子讓全家在這裡住上一個星期。湯姆與瑪格麗特很熟悉馬納斯寬，他們決定買房子，這樣就能出租給夏天來度假的家庭。因為湯姆的薪水很高，他們的信用也很好，加上有可觀的存款與龐大的股票投資組合，銀行都很樂意以低利率貸款給他們。通常，歐尼爾夫妻會支付二十五％的頭期款，其餘再跟銀行借貸。如果房租收入無法超過擁有這棟房子的相關成本支出，他們就不會買這棟房子。相關成本中的房貸，歐尼爾夫妻總是能拿到十五年的償還期。該成本還包括了房屋稅、公共設施費用、修繕管理費等等。

「在一九七〇年代末期到一九八〇年代初期，他們用這樣的模式一共買了六棟出租房屋。他們的目標是，每個月超額償還房貸，在十年內付清所有出租房屋的貸款。他們真的做到了。這是一個好計畫，但需要一些犧牲。他們不再花很多錢享受豪華假期，而是挑一間他們的出租房子住一個星期，通常選在淡季進行他們的度假之旅。他們的車子一開就是十年以上。不管是自己家或出租房屋的草坪，都是他們自己動手割草整理。他們的衣服也是去二手商店挑選高品質二手衣，再修改成適合自己的尺寸。

「歐尼爾夫妻到四十五歲左右，就已經是擁有數百萬美元家產的富翁了，但是你怎麼都看不出來。他們的房子是一般中等水準，車子也很舊。他們的打扮也不奢華。瑪格麗特沒有什麼值得一提的珠寶首飾。他們過的是非常普通、中下階級的生活。」

傑西探進他的海灘包，從中拿出一根蒙特克里斯托雪茄，但他最喜歡的仍是邱吉爾風格雪茄[3]。他曾開玩笑地說：「除了啤酒、女色、賭博、吸毒以外，這是我唯一的窮習慣。」事實上，那是傑西「唯一」的窮習慣。當他多年前發現富習慣時，就很努力改掉自己的習慣，而抽雪茄就是窮習慣之一，但他很久之前就決定，這個習慣他永遠不會改掉。

傑西剪開雪茄並點燃它，然後繼續說故事。

---

3 蒙特克里斯托雪茄（Montecristo）是頂級的古巴雪茄，被譽為是雪茄界的凱迪拉克；邱吉爾風格雪茄（Churchill-styled）是古巴羅密歐與茱麗葉雪茄廠（Romeo Y Julieta）所生產的茱麗葉二號雪茄，因深受英國首相邱吉爾（Winston Churchill）的喜愛而聲名大噪。

「維柏林夫妻就沒有儲蓄習慣了。他們沒有儲蓄的思維。他們花掉賺來的每一分錢，並且把大部分額外收入都投資在他們住的房子上。他們的小孩去過迪士尼樂園無數次，全家人會一起搭遊輪度假，在海灘租昂貴的房子。瓊恩擁有很高級的珠寶首飾，約翰則著迷於昂貴的手錶。令人難以置信的是，約翰竟有三只勞力士錶。每三年他們就會換台新車。他們會在自家豪宅舉辦奢華派對，每星期好幾天去餐廳吃飯。然後，在一九七〇年末期，約翰迷上了划船。他花了非常多錢買各式各樣的船。這些船都需要停靠碼頭，那就需要一筆支出，而且船隻也要維修，又是另一項花費。

「就算我曾努力要讓維柏林夫妻改變他們的用錢習慣，但他們從沒做到。存錢對維柏林家來說，都是後悔時才會想到的事，太可惜了。他最終將成為律師事務所的合夥人，而這只是讓他們有更多錢可以花用。他們從沒鍛鍊自己的儲蓄富習慣。無論何時，只要約翰的收入一增加，他們就揮霍度日。**這樣的窮習慣，終會反咬他們一口。**當我們到達另一個海灘時，會講到那段的。」

第 12 章

孩子的教育計畫

湯姆與瑪格麗特希望小孩在有著良好學校體系的海邊小鎮長大，而馬納斯寬完美地符合這些條件。這裡有著優質的公立學校，好學校當然也需要付出一些代價。

維柏林夫妻的作法則有點不同，他們決定把小孩送到私立學校。每個孩子一年就要花上一千美元。他們有三個小孩，算起來是相當高額的教育投資。

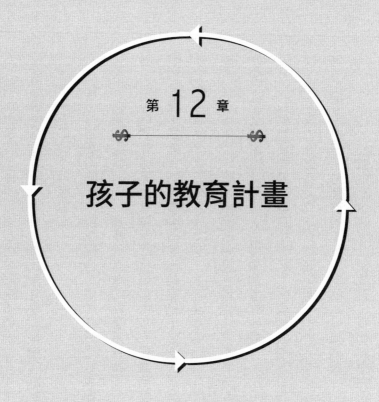

發動引擎時，傑西轉頭向後座的孫子們說：「如果你們認為波因特普萊森木棧道已經很酷的話，等等你們就會發現希賽德（Seaside）更酷。」他說話的口吻讓孩子們有著無邊想像。

在開往希賽德的十分鐘車程裡，傑西介紹起等著他們的希賽德景致。

「我們整趟旅程中，海灘最寬敞的就屬希賽德了，那片沙灘上甚至有遊樂園。如果你們覺得簡金森遊樂園已經很大了，等著看希賽德遊樂園吧，足足有兩倍大喔。那裡有四層樓高的摩天輪與三十．五公尺長的大型雲霄飛車。每一年，他們都會增設新的遊樂設施。不確定今年他們新增加的是什麼呢，但我們很快就會知道了。除了紐澤西州傑克遜鎮（Jackson Township）的六旗大冒險遊樂園，整個美國東北部最大的遊樂園就在希賽德。」

「我們將要在希賽德待上三天。」傑西大聲地宣布。

「三天！」凱希與克絲汀接連尖叫。

「對，三天。希賽德兩天玩不完的。」傑西說。

「而且，我還要給你們另一個驚喜。我們將會在希賽德最棒的汽車旅館住一晚，旅館就位在沙灘上。那裡有一個大泳池，旁邊有一座三公尺高的跳水台與滑水道。每一個旅館房間都面向泳池。你真的可以從房間門直接走進泳池裡。我們還會去釣螃蟹。你們有釣過螃蟹嗎？」

「從來沒有過。」布蘭登說：「不過，我一直都想釣螃蟹。」

「什麼是釣螃蟹？」凱希問。

「就是抓螃蟹。」傑西理所當然地回答。「我們一大早出發，那時還是退潮期，然後在碼頭旁把幾個鐵製螃蟹籠投進海裡。如果牠們咬了餌，我們就能抓到一堆螃蟹，然後再煮來吃。」

「噁心。」凱希叫出來：「我們要吃螃蟹？」

「對啊。我會把牠們丟進大鍋子，煮熟後，敲開硬殼，放一堆蟹肉在我美味的手工義大利麵醬裡，作為我們的晚餐。我會留下幾隻螃蟹，示範給你們看如何敲開蟹殼，取出蟹螯裡的蟹肉。然後我們會搭船出海一趟，在船上享受日落。我們最後一天會在沙灘上度過。」

傑西讓他的孫子們欣喜若狂。他就愛這樣讓他們活蹦亂跳。

傑西說到做到。頭兩天，每一個人玩得又興奮又疲倦。最後一天，他們前往沙灘。當他們在各自的沙灘椅上坐定後，傑西看了看布蘭登。「好，上次我們講到那兒了？」

布蘭登翻開筆記本。「上一個主題是『房屋裝修』。」布蘭登說。

「好。那下一個主題，我們叫它『孩子的教育計畫』。」傑西回應他。

布蘭登馬上把他的筆記本翻到總表那一頁，寫下新的主題——孩子的教育計畫。

「湯姆與瑪格麗特在紐約市郊的史坦登島長大，並就讀當地的公立學校。那時，史坦登島擁有很好的公立學校制度。當他們為撫養下一代而找新的居住地時，他們決定就是馬納斯寬了，因為湯姆與瑪格麗特都喜愛澤西海岸，而馬納斯寬在一九七〇和八〇年代，有很好的公立學校系統。他們想要小孩在有著良好學校體系的海邊小鎮長大，而馬納斯寬完美地符合這些條件。在紐澤西，我們比別的州民付更多的不動產稅，是因為紐澤西不動產稅的收入直接資助公立學校系統。在別的州，他們用所得稅、營業稅、旅館稅及其他稅收來支撐學校系統。紐澤西州的作法讓地方學校社區可以主導學校，而不是交給州政府裡的政治人物。紐澤西能夠有全國最優質的公立學校，這是原因之一。但是，要有好學校是要付出代價的。到目前為止，紐澤西是全國徵收不動產稅金額最高的地方，很可惜的，這也讓紐澤西成了養育下一代最貴的地方。

「而維柏林夫妻的作法有點不同，他們決定把小孩送到私立學校。約翰的太太瓊恩相信私立學校比公立學校更能提供頂尖的教育，因為瓊恩是在紐約市郊的布朗克斯（Bronx）長大的。她就讀的公立學校不是很好，因此對於公立學校，瓊恩心有成見。據我所知，她和先生約翰為此吵架過。約翰成長於公立學校系統良好的史坦登島，當討論到學校這個話題時，他們沒有共識。瓊恩最後贏得爭論，但那是有代價的。他們把孩子送到非常昂貴的私立學校，每個孩子一年就要花上一千美元。他們有三個小孩，算起來是相當高額的教育投資。我估計，這幾年下來他們花在私立學校的費用大概是三萬美元。稍微給你們一些概念，那相當於現在的八萬美元。」

布蘭登抬頭看看傑西，不確定傑西的故事是否告一段落。他不知道要怎麼寫進總表裡。

傑西看到了他疑惑的表情。

「你只需要在約翰那欄記下三萬美元，這樣就有差額，然後加到之前的二十八萬兩千兩百九十五美元裡。他們兩家都有繳交房屋稅，所以我們就把他們付的房屋稅支出抵消這筆教育支出。」布蘭登照傑西指示完成記錄，並讓大家看看更新後的總表。

當傑西看到「約翰的差額」那欄的數字時，吹出一記響亮的口哨。

摘要整理

主題	湯姆	約翰	約翰的差額
訂婚戒指	$1,000	$5,960	$4,960
婚禮	2,625	12,000	9,375
蜜月旅行	500	4,000	3,500
租公寓	12,240	21,600	9,360
存款	21,600	5,000	16,600
房屋淨值	45,000	7,500	37,500
馬納斯寬房貸	40,000	99,000	59,000
房貸利息	8,000	103,000	95,000
房屋整修	6,500	53,500	47,000
總計			$282,295
孩子的教育計畫	0	30,000	30,000
			$312,295

*金額單位為美元。

第 13 章

職涯發展階段

換到新工作後，湯姆每天早上上班前就能運動了。他的健身習慣大大改善了他的健康。這都要感謝他們規律的儲蓄習慣、節約的用錢態度與簡樸的生活標準。

而約翰仍然工作繁忙，沒有時間運動。他的體重像吹氣球一樣暴漲，每天必須服用藥物以維持他糟糕的身體狀態。但是，約翰別無選擇。他們沒存到什麼錢，也沒有在投資。

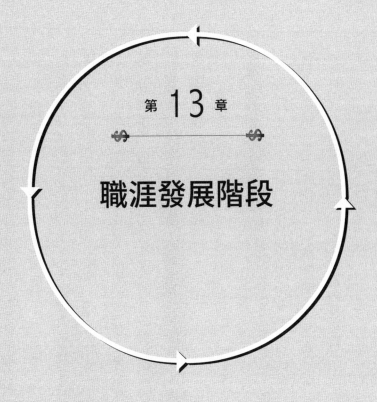

「在還沒搬去馬納斯寬之前，我每年會帶著你們的爸爸和姑姑去長灘島（Long Beach Island）過暑假。」傑西說：「其實，我一度考慮全家搬去ＬＢＩ的畢曲哈芬（Beach Haven）。ＬＢＩ是我們給長灘島的縮寫暱稱。但是我後來決定了，馬納斯寬的公立學校比較好，而且那時候，我經常要到紐約出席富習慣研究的演講活動，ＬＢＩ實在離紐約太遠了，馬納斯寬則有通往紐約火車總站的直達火車。總之，我們通常會在七月花兩個禮拜的時間在畢曲哈芬。你們的爸爸和姑姑非常喜歡那裡，我們擁有很多回憶。」傑西邊說，邊把車子開往花園州高速公路的六十三號出口。

「再十三公里就到了。」傑西一邊說著，一邊轉動方向盤把車子開上跨海大橋，將他們帶往長灘島。

「除了希布萊特，這裡是是唯一沒有木棧道的海灘。雖然沒有木棧道，但這整座小鎮活脫脫就像是一個遊樂園。那裡面有個地區叫做『海灣村』（Bay Village），在海灣村裡有一座『夢幻島遊樂園』（Fantasy Island Amusement Park），提供各種遊樂設施，還有一間房子塞滿大型遊戲機台和電子遊戲機。

玩完夢幻島遊樂園後，我們會走到隔壁的水世界。世界最長的滑水道之一，就在那兒。確切來說，那麼長的滑水道，水世界裡有四座，所以你們可以來一場比賽。水世界也有一座『卡哇邦卡海灘』（Cowabunga Beach）遊戲區，你們可以到處爬上爬下，征服各種障礙關卡。最後，還有一個地方叫『懶鬼瘋河』（Lazy Crazy River），只要躺在水道裡隨水漂流就好，這算是懶鬼的部分；而瘋狂的部分是，它最後會毫不客氣地倒下一大桶水讓你從頭到腳溼透透。水世界再過去，則有一個大型的迷你高爾夫練習場。」傑西稍微暫停，確認他們好好消化了剛剛的資訊，然後繼續介紹下去。

「跟波因特普萊森一樣，我們會需要花兩天在畢曲哈芬。第一天待在海灣村，第二天在海灘。這計畫聽起來不錯吧？」傑西問。

「這是我聽過最棒的計畫。」克絲汀幾乎要尖叫出來。

「你太棒了。」布萊恩說。

「全世界最棒的爺爺。」凱希又補上一句。

邊玩邊學，效果真好，傑西心想。同時他開過海灣大橋，進入那個他暱稱為LBI的島。

海灣村大受孩子們的喜愛，在八個小時內，他們玩了雲霄飛車，在滑水道比賽誰比較快，在懶鬼瘋河上慵懶漂浮，還玩了迷你高爾夫球。對每個人來說，一整天下來感覺過得飛快，尤其傑西特別有感。

玩完之後，他們走到對街的巴克魯（Buckalews）餐廳吃晚餐，聊聊這瘋狂的一天，順便計畫隔日行程。

「明天，我們要去海邊，那大概是我們行程中最小的沙灘了。但如果早一點去，我們就可以找到完美的據點。」傑西繼續說：「讓我們找一家冰淇淋店，帥氣地結束這一天。」

他的孫子們笑了，是帶著倦容的笑。傑西知道他們撐不了太久，於是找了一家離休旅車最近的冰淇淋店作為當日句點。

隔天一大早，他們四個就把沙灘拖車裝滿，帶著椅子、冰桶與其他東西前往海灘。

傑西查了報紙的潮汐表後，他依照慣例如行軍般精準測量距離，以求找到完美的地點。他找到之後，所有人把遮陽傘立起來，躺進沙灘椅裡，準備聽傑西講下一段歐尼爾家與維柏林家的故事。

「湯姆與約翰都是好律師，各自在知名法律事務所裡工作，都受到同事的喜愛與敬重。但辛苦的超時工作經常使他們無法參與家庭生活。因為湯姆與瑪格麗特一直以來都很努力存錢與投資，所以湯姆可以接受換個稍微低薪的工作，改在紐澤西普林斯頓（Princeton）一家大型上市製藥公司上班，擔任專利律師。儘管新工作的薪水不如他在律師事務所高，但它所提供的股票配股（stock grants）與股票選擇權（stock options），極有可能帶來更高額的收入補償。湯姆與瑪格麗特想，如果公司經營狀況好，公司股價就會上漲，那他們的股票收入將會很可觀。

「影響湯姆轉職決定的主要因素是通勤時間縮短了。湯姆每天通勤到新公司需要的時間從四小時減到九十分鐘。另外，這份新工作的工時也比較短，他過去在律師事務所每週工時五十個小時，現在在新公司，每週只需要四十小時。通勤時間縮短，加上工時減少，讓湯姆早晚有更多時間可以陪伴瑪格麗特與孩子。湯姆提議，他早上可以送小孩到學校，晚上可以全家一起吃晚飯。在以前，這對湯姆來說是很稀罕的事，現在則變成是每天固定的行程。

「此外，湯姆現在每天有更多時間可以健身。瑪格麗特以前常叫湯姆是『週末戰士』，因為湯姆會在週末盡可能瘋狂運動。換到新工作後，湯姆每天早上上班前就能運動了。他會進行約五公里的慢跑，然後做兩百下伏地挺身、兩百下仰臥起坐，以及一些伸展運動。湯姆的健身習慣大大改善了他的健康。他減掉十多公斤的體重，血壓下降，而且覺得更有精神。這都要感謝他們規律的儲蓄習慣、節約的用錢態度與簡樸的生活標準。對歐尼爾家來說，湯姆的轉職讓他們夢想成真。」

傑西拿起他的水，啜飲一口，然後繼續說故事。「相反的，約翰・維柏林在他的律師事務所超時工作好多年了。他每天通常早上六點出門上班，回到家已經是晚上九點，週五是例外——公司的人會在週五下午四點就結束工作。每個週五與週六晚上，約翰與瓊恩會和一群好朋友選在豪華的餐廳聚會共進晚餐。約翰認為，這樣昂貴的週五例行聚會，是他辛苦工作一週下來的犒賞。剩下的週六與週日則是給孩子的假期，他們從小就習慣約翰常常不在身邊。最後，約翰成了公司合夥人，這帶給他一筆可觀的收入，但工時依然很長。

「由於工作繁忙，約翰根本沒有時間運動。他的體重像吹氣球一樣暴漲，有高血壓，血糖指數也一直上升。因此，約翰每天必須服用藥物以維持他糟糕的身體狀態，但是他別無選擇，只能繼續投身工時長的工作。他們沒存到什麼錢，也沒有投資。約翰與律師事務所彼此互相需要，將來他退休時，公司給的退休金將滿足他與太太的生活所需。至少，這是他們原本的計畫。」

第 14 章

生命中無法預期的狀況題

約翰才五十多歲，有一個讀大學的小孩，還有兩個更小的孩子，但他現在已經永久失能了。他接下來的日子再也無法上班工作。

他們多年來投資很多錢所打造的房子，成為他們申請經濟援助的絆腳石……

「當人們想到大西洋城（Atlantic City），都會想到賭場。」傑西邊說，邊把車開上花園州高速公路，通往大西洋城。那是他們下一個目的地。

「七〇年代時，賭博在大西洋城合法化，短短幾年之內，一間間賭場開幕，包括度假旅館賭場（Resorts）、麗晶（Regency）、巴利（Bally's）、凱薩（Caesar's）、金沙（the Sands）、哈利（Harra's）、金磚（Golden Nugget）、花花公子飯店（Playboy Hotel）、康納（Tropicana），另外還有兩間川普賭場（Trump）。不只是紐澤西人會蜂擁至此，康乃迪克州、紐約州、賓州、馬里蘭州、德拉威爾州及其他州的居民都會來此度假。**賭博是一個窮習慣。我傾向把它想成是貧窮稅，一種向窮人徵收的稅。**大西洋城就是建築在賭博這個窮習慣上的城市。真丟臉。」傑西邊說邊搖頭。

「那我們為什麼要去大西洋城？」凱希問。

「這個嘛，大西洋城剛好擁有全紐澤西最寬的沙灘與最長的木棧道。它的木棧道連綿近六．五公里，被譽為是『木棧道之祖』。每一年，有兩千六百萬人到訪大西洋城，不只是為了賭博，也是去造訪那一片白色沙灘。另外，那裡也有很多餐廳、遊樂園與大型電玩店。我們會花一個早上在海邊，下午到木棧道上走走，你們就會知道那是什麼樣子。然後我們會去大西洋城歷史最悠久、最棒的『刀叉飯館』（Knife and Fork Inn）吃晚餐。」

從長灘島到大西洋城的車程只需要二十分鐘。傑西順利地在離海灘只有幾個街口外的地方找到停車位。他們很快就把沙灘拖車裝滿用具，朝海邊前進。

「我所記得的部分清楚得就像昨天發生的一樣。」傑西開始說起歐尼爾家與維柏林家的下一段故事。

「那是一個星期六早晨，我正在家裡辦公室寫書。我聽到從維柏林家後院傳來一聲尖叫。我跑下辦公室階梯，跳過兩家之間的圍籬衝向瓊恩，她那時趴在約翰身上，約翰則躺在地上不省人事。瓊恩絕望地想要對他施以口對口人工呼吸，但她全都做錯了。我用力地把瓊恩從約翰身上拉開，要她打電話叫救護車，然後就在我人生最漫長的三分鐘裡，我對約翰施行CPR急救。感謝老天，他清醒過來，開始恢復意識。他充滿疑惑而且非常恐懼。我冷靜地與他聊天，直到救護車及急救醫護人員到達。他們把約翰安置在救護車裡，然後瘋狂加速開往醫院。約翰除了心臟病發之外，還中風。他花了兩個月時間待在復健中心。醫生告訴約翰，他永遠無法完全恢復說話能力，也不能自由控制身體左半側了。約翰才五十多歲，有一個讀大學的小孩，還有兩個更小的孩子，但他現在已經永久失能了。他接下來的日子再也無法上班工作。」

傑西的孫子們面面相覷，臉上看起來很震驚。

「他們後來怎麼樣了，傑西？」凱希幾乎要哭出來地問。

「嗯，維柏林家的存款很少，約翰身為律師事務所合夥人所獲得的利息也相當微薄。他收到的退休金少得可憐，根本不夠支撐他們繼續住在馬納斯寬的家。他們當然也無法再為家中的老大支付大學學費，那孩子在聖母大學才剛升上二年級。瓊恩求助學校，詢問可否申請學費援助方案。她填了一堆表格，但學校還是拒絕了，理由是他們依然擁有龐大的資產。他們多年來投資很多錢所打造的房子，成為他們申請經濟援助的絆腳石。當他們的兒子秋季學期結束後，只能先回家等待，看爸媽是否有辦法讓他在隔年春季註冊繼續學業。後來，瓊恩來尋求我的建議。我一一查看他們家的帳單，告訴瓊恩，他們唯一的選擇是賣掉房子。他們之後生活所需的費用，都得靠賣掉馬納斯寬這間房子的每一分錢了。

「由於紐澤西的不動產稅非常高，我告訴瓊恩，他們要不就是在紐澤西租一間負擔得起的房子，要不就是到別州買一間價錢合宜的房子，就不用支付高額的不動產稅。至於大學，我跟她說，那恐怕不是他們現在負擔得起的。在這個非常艱難的談話結束後，我抄下了他們貸款銀行的名字。後來我去拜訪那家銀行，在他們的辦公室裡，銀行的人說，如果維柏林家要賣房子，扣掉售屋手續費之後，他們最多大概可以拿到三十五萬美元。銀行的人告訴我，馬納斯寬其他的房屋售價遠遠低於這個數字，大部分的成交價都不超過十五萬美元。當其他房屋都便宜很多的時候，他們很難找到願意付這麼多錢的買家。除此之外，我發現他們尚未償清的房貸還有二十五萬美元，這會導致他們接下來的生活只有不到十萬美元可以用。而我知道，這絕對不夠。

「我回去找瓊恩，告訴她這個壞消息。我跟她說，在他們把房子賣掉之前，我可以先代為支付他們兒子讀聖母大學的必要支出，以及先幫他們還完房貸。他們花了兩年才成功將房子脫手。唯一有興趣的買家同意的價格，只有二十七萬五千美元，這代表他們最終只有打平，沒有賺到錢。我最後在賓州幫他們買了一棟聯排別墅，讓他們往後能有個地方安心生活。當他們的兩個女兒也到了上大學的年紀，我幫她們付了大學學費。對維柏林夫妻與他們的孩子來說，那是一段非常難熬的時間。但後來，孩子們都還過得不錯，這是我真正唯一掛心的事。」

傑西別過頭，眼睛盯著遠處的海浪，拍打在海岸邊碎成了浪花。

他沉浸在思緒裡。布蘭登、克絲汀、凱希安靜地看著傑西，眼神中充滿佩服與崇拜。

第 15 章

孩子的大學教育與退休計畫

歐尼爾夫妻與維柏林夫妻不同，他們很謹慎地為三個小孩的大學基金提前做計畫。他們不只為大學基金存錢，還在財務顧問的協助下，很聰明地拿這筆存款轉投資。湯姆總是聽取我的建議，最後以五十歲出頭的百萬富翁之姿從容退休。

「我想五月岬是我最喜歡的海灣城鎮，僅次於長灘島。」傑西如此評論，那時他們正在旅程中最後一個海灘木棧道上散步。

「每一次我來五月岬，總想不透為什麼沒搬來這裡住。它比大部分海灣城鎮來得大，卻仍保有小型海灘小鎮的感覺。你知道，就是小巧別緻的那種溫馨感。」當他們躺進沙灘椅後，傑西繼續說著。

「沒有一個海灘能贏過這裡。」傑西說。

「可惜的是，這裡將是我們這次旅程的終點站。這一趟還滿好玩的，是吧？」傑西對他的孫們子微笑。

「我永遠不會忘記這次旅行的。」布蘭登說。

「我也是。」克絲汀也加入。

「我想繼續玩下去。」凱希噘著嘴。

「所有美好的事都會有結束的時候。」傑西學著凱希嘟著嘴說。

「但還沒結束啊。我還有一個故事沒講。」傑西補充說。

「歐尼爾夫妻與維柏林夫妻不同，他們很謹慎地為三個小孩的大學基金提前做計畫。他們不只為大學基金存錢，還在財務顧問的協助下，很聰明地拿這筆存款轉投資。另外，他們在馬納斯寬所擁有的六間出租房子，在幾年之後也增值不少。如果必要的話，他們也可以賣掉其中一棟來支付小孩們全部的大學費用，但他們到最後都不需要這麼做。他們的大兒子麥可去讀達特茅斯學院；小他幾歲的弟弟尚恩，也跟隨哥哥腳步讀了同一所學校。最小的兒子馬修，選擇普羅旺斯大學。湯姆與瑪格麗特對於自己能把小孩送到這些名聲卓越的大學就讀，覺得非常感恩，這讓孩子的人生有了很好的開始。你們的爸爸和麥可現在仍是最好的朋友，而你們的姑姑凱莉在大學畢業後就讀醫學院時，也跟馬修·歐尼爾交往過好幾年。我原本以為他們最後會結婚，但命運捉弄人。馬修前往東京工作，他們就分手了。總之，在小孩離家發展後，湯姆·歐尼爾工作的製藥公司被競爭對手買下，而那場併購則讓湯姆手上握有的那些限制性股票（restricted stock）得以釋出……」

「什麼是限制性股票？」布蘭登打斷傑西的話，提出疑問。

傑西想了一下。「有時候上市公司會將公司股票贈送給資深主管，但限制他們在若干年間不能出售。湯姆擁有一百萬美元的這種限制性股票。當公司被併購時，條件之一是湯姆可以出售這些股票，但必須接受提前退休方案。湯姆同意了。他已經擁有五十萬美元的非限制性股票，這意味著他現在手上握有一百五十萬的股票，可以在任何時間自由賣出。他們另外的股票投資約有兩百萬美元，加上六棟出租房屋。所以，湯姆以五十歲出頭的百萬富翁之姿退休了。就像我一樣，他們大多數時間仍待在馬納斯寬。並且和我一樣在佛羅里達州的彭薩科拉（Pensacola）買了第二棟房子，跟我的房子在同一條街上，只隔幾個街口。湯姆總是聽取我的建議，和約翰・維柏林大不相同。很可惜，約翰從沒聽進去過。」

第 16 章

傑西・賈柏斯的聰明理財法則

每個資料夾裡，都有我要你們從這些故事中記住的事。每一頁都列著你需要知道的注意事項，好讓你們未來能夠擁有成功、精采、快樂的生活。

這個資料夾將會是你擁有過最重要的物品。它不只會讓你們想起這次精采的旅行，也會幫助你們安穩航行於人生的每一個階段。

那天晚上，在布蘭登、克絲汀、凱希睡著之後，傑西的手探進休旅車的中央扶手區置物箱。裡面有三個資料夾，每個資料夾側邊都各寫著三個孫子的名字。這是傑西給他們的臨別禮物——讓他們記得這趟旅行的紀念品。

早晨降臨了。趁孫子們還在睡，傑西做了些鬆餅、煎培根、炒蛋與他的招牌炸薯條。他的孫子們一覺醒來，就會看到廚房餐桌上漂漂亮亮地擺著餐墊、刀叉、柳橙汁，還有當地麵包店新鮮剛出爐的一籃瑪芬蛋糕。

「我們的最後一餐。」凱希憂鬱地說。

「我們的最後一餐。」傑西難過地回應。

他們慢慢吃，彷彿只要能延長這頓飯的時間，他們的旅程就可以無限延長一樣。所有人吃完後，傑西收起餐盤、玻璃杯、刀叉，放在休旅車的迷你洗碗槽裡。然後，傑西坐在餐桌前，手裡拿著三個資料夾，看著三個孫子。

「回到馬納斯寬大概要兩個小時。」傑西說：「你們爸媽會在那裡等我們。我之所以告訴你們歐尼爾家與維柏林家的故事，是有原因的。從他們各自生活的方式，我們可以學到很重要的教訓。而我希望，這些教訓與我們這趟探險的回憶，你們一輩子都能記住。」

傑西把寫有名字的資料夾分別遞給他們。

「每個資料夾裡，都有我要你們從這些故事中記住的事。每一頁都列著你們需要知道的注意事項，好讓你們未來能夠擁有成功、精采、快樂的生活。這個資料夾將會是你擁有過最重要的物品。好好保存，不要弄丟了。它不只會讓你們想起這次精采的旅行，也會幫助你們安穩航行於人生的每一個階段。」

傑西站起來，走向車子前座，轉動鑰匙，啟動引擎。

布蘭登、克絲汀、凱希各自打開自己的資料夾，讀了起來……

聰明理財法則 01

擁有好習慣，人生是彩色的；擁有壞習慣，人生是黑白的

歐尼爾夫婦擁有好習慣，他們的好習慣引領他們創造精采的人生。維柏林夫婦擁有的則是壞習慣，他們的壞習慣使他們墮落，最後毀了他們的人生。

習慣都有一個目的。習慣能讓大腦減少運作，並幫忙節省大腦所需能量。習慣實際上結合了四件事：例行行為、思考、情感和做決定。**你每天的習慣，看起來儘管很無聊，卻是導致你成功、失敗或表現中庸的祕密武器。你的行為、所做的決定、情緒反應與想法，都能創造豐盛的人生或是匱乏的人生。**

習慣可分成兩種：

一、普通習慣（ordinary habit）

二、拱頂石習慣（keystone habit）

普通習慣就是簡單、基本、獨立的習慣，例如每天的沐浴、上班走的路線、拿叉子的方式等等。

相反的，拱頂石習慣是非常有力的習慣，它會在你的人生引起連鎖反應。拱頂石習慣有兩個效果：首先，它們會讓你培養出附加習慣或協力習慣；再者，它們會消弭反向習慣，也就是那些會干擾拱頂石習慣的舊習慣。

舉例來說，有一位名叫凱莉的年輕女性讀了我的《富習慣》。她深受啟發，寫了一封信給我。信中，凱莉坦承她的體重有九十多公斤。她名符其實地過胖並且覺得非常沮喪。凱莉說她想戒菸，讓身體變健康。她在書店看到我的書，然後買了一本。她對於要改變舊習慣感到興奮，問我能否給她一些建議。

我回信給凱莉，她可以先從一天走路一．六公里、連續走七天開始。我跟她說，只要先專注在第一週即可。然後我告訴她，如果她完成了第一週，接下來就每一週增加一．六公里，連續走三週。四個星期過去，我告訴她可以開始每週慢跑一．六公里，連續跑三十天，然後接下來每個月增加一．六公里，再連續跑三個月。我也要求凱莉把她的更新記錄寄給我看。她大概在一年後跟我說她的進度。

在慢跑四個月之後，她說她減下了十一公斤。她對於慢跑感覺非常好，於是她幾乎天天持續慢跑，又跑了好幾個月，再減了九公斤。凱莉覺得很有自信可以參加當地的十公里馬拉松賽。為比賽準備時，她決定減少進食分量，期待自己能夠在比賽前再減掉更多體重。

凱莉也降低抽菸的量，從一天一包菸減到一天數根而已。到比賽時，她又減了四公斤半。當跑完全程，她為自己感到非常驕傲也充滿自信。這爆發的自信心驅動著凱莉參加半程馬拉松。為了準備半程馬拉松，凱莉決定完全戒菸。到了比賽的時候，她又減掉六．八公斤了，身邊的人開始會說她身材苗條。她開心極了，因為這些稱讚而覺得飄飄然的。

有氧運動就是一個拱頂石習慣。當我要求凱莉開始走路與慢跑時，我知道這樣的有氧運動能夠催生其他的附加好習慣，像是吃得更健康。我也知道，如果這個拱頂石習慣穩固了的話，凱莉最後會放棄抽菸。運動這一個拱頂石習慣，在不到一年內的時間，讓凱莉徹頭徹尾地改變。這就是拱頂石習慣的力量所在。

每一個習慣都有一個結果。有些習慣會產生快樂、悲傷、財富成就、貧窮、健康、生病，影響著壽命的長或短；有些習慣會增進你的智商，像是天天閱讀、每日有氧運動、追求夢想或目標。另外有些習慣則會改善關係，像是打電話向別人問安、祝福別人生日快樂、在對方的人生重要時刻表達關心。還有一些習慣會讓工作表現變更好，比如刻意練習、分析練習、每日研習。

拱頂石習慣可分成下面幾類：

快樂習慣

當你感受到快樂，你會知道那就是快樂。從定義上來說，快樂是長時間沒有負面情緒，只有正面情緒。當一個或多個神經元（大腦細胞）要與其他神經元溝通時，就會釋放化學物質，稱為神經傳導物質。多巴胺（dopamine）就是輸送快樂感受的神經傳導物質，是大腦產生的六十種神經傳導物質之一。當神經元釋放多巴胺，它就創造出一種感受，我們稱之為「快樂」。當多巴胺濃度低於標準值，我們就稱為「悲傷」。當多巴胺的濃度低於標準值連續幾天，那就是「憂鬱」了。

憂鬱會摧殘你的健康，讓你缺乏精神活力，而那正是生產力與創造力所需要的。當我們感覺抑鬱，會表現出退縮的態度，對人生失去動力。我們會變得懶洋洋，對什麼事都提不起勁，幾乎所有活動都停擺，會把自己與別人隔絕開來。這樣的痛苦並不罕見，每一年都影響著數億人的生活。因此，我們迫切需要的是培養可以維持或增加多巴胺分泌基準量的習慣，以預防悲傷與憂鬱對生命造成毀滅性的災難。

什麼是快樂習慣呢？

- **每天運動：**人類的天生設定就是要動。運動會在身體引起化學反應的連鎖效應。我會在「健康習慣」主題下討論更多關於運動的重要性。
- **每天學習：**人類天生就是要學習，大腦喜歡新鮮的事。我們與生俱來的好奇心讓我們成為探險家與發明家，你的大腦喜歡你讓它學習新事物。當你開始學新的東西，大腦就會釋放一種大腦細胞所需要的神經生長因子，名為「腦源性神經營養因子」（BDNF），也會分泌多巴胺與血清素（serotonin）這兩種神經傳導物質。這些快樂的化學物質，是你的大腦在生長新的大腦細胞時所產生的獎勵。每天以閱讀來學習新知，是你能投入的所有快樂活動中，最強而有力的一種。

・**強化具建設性的人際關係：**人際互動對快樂來說至關重要。更關鍵的是，當你身邊有一群好夥伴，你讓自己被積極、樂觀的人所圍繞時，會提升你的多巴胺與催產素（oxytocin，另一種很有力的快樂神經傳導物質）的濃度。不管是孤獨一人，或是與悲觀的人有所連結，都會降低多巴胺與催產素的分泌。更糟的是，那些關係還會製造壓力。如果這樣的壓力持續幾個小時，就會變成慢性壓力，削弱你的免疫系統能力。孱弱的免疫系統除了使你較無法抵抗感冒與其他感染症狀，還會造成動脈粥狀硬塊堆積引發心臟疾病，也會活化多種基因，最後演變成癌症。養成讓自己與其他快樂的人保持聯繫的習慣，可以幫助消除慢性壓力，也會讓你常保快樂和健康。

・**練習正向思考：**許多研究顯示，養成積極、正面、樂觀的思考習慣，將會讓你更快樂，不管在學業、運動、事業或工作上，也都會更有成就。靜坐冥想、閱讀具啟發性的書籍、使用肯定句，並且每天對於能夠激勵你的人事物表達感謝，這些都可以提升你的多巴胺濃度。

儲蓄習慣

・**愈早培養儲蓄觀念愈好：**透過儲蓄來累積財富的白手起家型百萬富翁，都在很早的時候就開始存錢。年輕時存的愈多，將來能累積的財富會愈多。如果你想要在退休時達到財富自由，從現在起就將收入的二〇%轉為儲蓄，並且謹慎投資吧。

・**設定儲蓄目標：**白手起家型的百萬富翁會建立儲蓄的目標。他們存錢是為了買房子，為他們的小孩成立大學教育基金，為退休準備養老金。他們儲蓄是為了可以用那筆錢來投資，然後累積財富。

・**儲蓄自動化：**白手起家型百萬富翁的儲蓄模式是全自動化的。以儲蓄來說，執行力就是見真章的地方。他們會建立起一套對他們最有效的儲蓄系統，並且牢牢抓住這個系統好幾年。當你的儲蓄可以自動化進行，你就等於往財富累積的方向自動導航。

健康習慣

想要活得久、活得好，擁有正面、有活力的生活，首要辦法是維持身體健康。以下是能夠讓你擁有上述生活的健康習慣：

- **每日運動：**運動除了會誘發名為腦內啡（endorphins）的賀爾蒙分泌，也會引發大腦釋出兩種有力的神經傳導物質，就是多巴胺與血清素。這些化學物質相繼作用，將我們的心情與情緒從負面轉變成正面。如果你天天運動，憂鬱症很難找上你。每日運動習慣也能夠降低壓力。
- **健康飲食：**養成每天多攝取營養食物、少吃垃圾食物與酒精飲品的習慣，將可以改善你的身體狀況。要為身體補充充足蛋白質，維持好壞膽固醇的平衡，減低血糖指數，並且預防體重過重。透過攝取纖維質來提供腸道細菌生存所需的養分，這樣的健康飲食習慣能夠降低你每一餐的食量。吃對的食物，以及把你每日攝取的熱量降到兩千大卡以下，會幫助你減低脂肪累積，維持身體健康。脂肪會在你的身體裡囤積毒素，因此，少一點脂肪，就少一點毒素。你需要培養的飲食習慣是多吃魚，多吃蔬菜、沙拉，以及像雞肉或火雞肉等健康的肉類；避免不健康的肉類，像牛肉、火腿、培根、熱狗、香腸。這些不健康的肉類會損害你的心血管系統，提高壞膽固醇含量，增加脂肪累積，而且它們的熱量很高。儘管有機食物比較昂貴，但有機食物不含農藥；農藥會在體內累積，提高罹患癌症的風險。

增長智識的習慣

我們現在知道，大腦每天都在變化。我們終其一生，甚至到八十幾歲，都能夠重塑大腦（稱為「神經可塑性」）。現在我們也得知，大腦中的海馬迴每天製造數千個神經元（也就是「神經新生」）。歸功於基因研究的成果，我們已經了解到，人在活著的時候是有可能增加智力的。智力並非固定不變，就算你以前是個智力只有一百分的十七歲丙等學生，不代表你永遠都會這樣。你可以窮盡一輩子的時間培養一些增進智力的習慣，在你身上啟動好基因，關上壞基因。

白手起家型百萬富翁每天會做一些活動，好持續在有生之年增強他們的大腦，增進智識。這些活動不僅產生新的神經連結，並且強化舊有連結，也會創造嶄新的神經連結，藉此增加大腦容量。

每日學習

每一次你學習新的事物，就是在重塑你的大腦，讓新的神經元出現，並且對彼此傳遞訊息，這個連結就叫做神經突觸（synapse）。每當學習新知時，就產生新的神經路徑，你的大腦實際上會增加體積，你的智識也增加了。

在我富習慣研究中，有八十八%的富人早在他們發跡之前，就已經養成每天用三十分鐘或更久的時間進行自我充實的閱讀活動。單憑這項簡單的日常習慣，就足夠幫助他們增強認知能力，為日後的成功奠定基石。

每日有氧運動

有氧運動將氧氣大量送進血管裡，而這些氧氣最終會送到大腦。氧氣有兩個作用，一個是作為催化劑，可將葡萄糖或酮類（ketones）轉化成三磷酸腺苷（adenosine triphosphate，簡稱ATP），後者是身體每個細胞最終極的燃料來源。另一個是作為海綿，吸附自由基（free radical）。氧氣在每個細胞裡流動，吸取自由電子，然後帶著這些電子穿過細胞膜，流進血管裡。而血液最終會流到肺臟，接著氧氣轉化成二氧化碳，在你呼吸時，它被釋放進空氣中。我們愈常運動，就會吸收愈多氧氣，也會有更多自由基被這個氧氣海綿吸收帶走。

有氧運動也會降低過胖、心臟病、高血壓、第二型糖尿病、中風、某些癌症的可能性。每天進行二十到三十分鐘的有氧運動，經證實可以刺激每個大腦細胞軸突（axon）與軸突末梢（axon branches）的生長。近期神經科學研究已經發現，大腦中的軸突與軸突末梢的數量與智力高低有所關連。擁有愈多軸突與軸突末梢，意味著有更高的智力。

有氧運動也會促進釋放神經滋養因子（neurotrophin，或稱為NGF，Nerve Growth Factor）。神經滋養因子刺激大腦細胞的生長，幫助保持大腦細胞每個軸突擁有健康的髓鞘（myelin sheath），並且改善大腦細胞之間的突觸溝通能力。擁有比較好的突觸溝通能力代表有比較好的記憶力，並且較能快速召回記憶。因此，只要你每天認真進行有氧運動，就能夠餵養並整理大腦，增加你的智力。

有氧運動也能夠大量增加好膽固醇，也就是高濃度脂蛋白（high-density lipoprotein），並減少壞膽固醇，也就是低濃度脂蛋白。這樣的好處是什麼？表示你的動脈裡比較不會累積粥狀結塊。研究顯示，保持有氧運動習慣的人比沒有這習慣的人來得長壽。較健康的人比較少生病，更有活力，這也代表他們在工作上表現更好。更大的產值會讓你在組織、顧客、客戶的眼中更具價值，這意味著會有更多金錢報酬。

長期壓力會損害我們的免疫系統面對病毒、疾病、細菌、寄生蟲的抵抗能力。由於有氧運動會將身體灌滿氧氣，而增加的氧氣將會減低壓力對身體的作用力。有氧運動像是棒球比賽中的雙殺表現：它減少壓力造成的影響，同時也削減壓力本身。

適量飲酒

我們的肝臟每小時大概可以處理約五十七公克的酒精（大約一小時喝兩罐三百三十毫升的啤酒）。超過這個量的話，多餘的酒精就會進入血液，輸送到大腦。一旦酒精抵達大腦，它會浸潤你的神經元突觸的麩胺酸（glutamate）受器，然後損傷神經元「發射信號的能力」。如果你經常過量飲酒，就是讓這些神經元受器長時間受到損傷，而這會對你的記憶與動作技術造成長久性的傷害。在我的研究中，有八十四％的富人一天的酒精攝取量不超過五十七公克。這會是巧合嗎？我不認為。

每晚七至八小時的睡眠

任何睡著的人，每晚都會經歷四到六個睡眠週期，每個睡眠週期持續約九十分鐘，每一個週期由五個程度的睡眠狀況所組成：第一階段、第二階段、第三階段、快速動眼階段（REM），然後又回到第二階段。在每一個單獨的睡眠週期中，前三個睡眠狀態（第一至第三階段）持續六十五分鐘。快速動眼階段是二十分鐘，然後最後一個睡眠狀態，也就是第二階段，則是五分鐘。你睡幾個小時其實不那麼重要，比較關鍵的是你每個晚上完成多少次睡眠週期。

每晚擁有五個完整睡眠週期被認為是最好的。然而，如果少於四個睡眠週期，則會對健康造成負面影響。快速動眼階段尤其特別重要，因為這段睡眠的主要功能是在儲存長期記憶。在快速動眼階段中，你在白天所學到的人事物會被傳送到海馬迴，那裡像是一種暫時儲存空間。如果你晚上沒有完成至少四次、每次九十分鐘的睡眠週期，長期記憶儲存功能就會有所損傷。

在學習新知或新技術後，完成至少四次睡眠週期，將能把新知或新技術牢牢記住。如果你在學習任何事情之後，沒能睡上四個完整睡眠週期的話，那會像是你根本沒學到任何東西。睡眠可以幫助你記得白天所學之事。

嘗試新活動

每一次嘗試新事物並且練習，就能增進腦力。當你規律地重複新的活動，用來彼此溝通的大腦細胞就會開始形成一個永久的神經通道，因此，你的大腦體積就會增加。

對老人家來說，嘗試新事物尤其重要，這樣能讓他們的大腦常保活力，並且避免萎縮。想要增進腦力的人，應該要認真從事新活動，直到它變成一種新技巧。這需要的時間大約從十八天到兩百五十四天不等。當一個新活動變成一種技巧時，會增加大腦體積，並使你保持思考活躍，讓大腦健健康康。

一週三天以上重量訓練

神經幹細胞（新的大腦細胞）在海馬迴中產生，會分化為神經細胞或者神經膠細胞（glial cells，神經元的支撐細胞）。神經細胞會從海馬迴被傳送到宛如交通警察角色的齒狀迴（dentate gyrus），然後被派送到大腦特定區域。自發性的運動會增加海馬迴製造神經幹細胞的數量。

以下是它運作的方式：重量訓練將充滿氧氣的血液送往大腦，當承受的重量愈重，血液流動的速度愈快。增加的血液流速將更多葡萄糖（大腦的燃料）與氧氣（如海綿般將大腦產生的自由基給帶走，作用形同清理大腦）餵養給大腦。重量訓練會讓海馬迴中的腦源性神經營養因子（BDNF）數量增加。BDNF就像是大腦的肥料一樣，幫助它產生更多的大腦細胞（神經元），並且幫助促進舊神經元的健康與尺寸。每個大腦細胞都有一個軸突與數個樹突（dendrites）。大腦細胞的軸突與其他大腦細胞的樹突連結，這個連結叫做突觸。一個人的軸突、樹突數量與他的智力有直接的關聯。重量訓練增加了軸突的生長，而軸突則幫助增強突觸的活動力。因此，任何可以增加軸突與突觸數量的事，都能增進智力。

建立強力人際關係的習慣

白手起家的百萬富翁對於往來對象有一套獨到的見解。他們的目標是：與其他有著成功頭腦的人建立關係。我將在「聰明理財法則12」教導你富關係與有毒關係的差別。

白手起家型百萬富翁會使用下列四種策略來建立關係，讓自己與別人的關係更加成長並且穩固：

一、打招呼電話：這類電話主要用在向每個聯絡人收集重要資訊，幫助你與他人的關係更加緊密。

二、生日祝福電話：打電話祝福他人生日快樂，功能就像是維持人際關係的救命呼吸器一樣。每年至少一次，聯絡你電話簿裡的人，對他們說聲生日快樂。大約有五到一〇%的人會禮尚往來，在你生日的時候也打電話來祝福，如此一來，你跟對方的關係就不用危險到要靠呼吸器了。

三、人生重要時刻的電話：在別人的生命重要時刻打通電話去關心，是增進人際關係最強力的方法。你所打的這通電話，是參與了某個充滿感情的人生事件：迎接新生命、有人過世、訂婚、結婚、健康出狀況等等時刻。比起其他電話，這些人生重要時刻所打的電話會讓人際關係的根扎得更深、更快。

四、參加聚會或當志工：這類活動讓你能認識新的對象，並且提供一個機會，讓你在一個安全、友善、沒有壓力的環境下展現你的能力。建立交際人脈是邁向成功的要素之一。當你用正確的方法交際，你會獲得顧客、客戶、策略生意夥伴、粉絲與關係夥伴，這意味著更多的財富將隨之而來。白手起家型百萬富翁就是精通人際關係的好手。他們會放更多精力在維繫自己與成功人士或具備成功概念的人之間的關係。這些百萬富翁有幾個方式增加自己的人脈。他們會參加交流聚會、社區商業顧問委員會、地方公民組織與非營利組織。其中，非營利組織尤其有用。他們提供你一個機會讓你展現自己的能力與知識，並且讓你有機會結交其他成功人士，這些人通常是非營利組織的董事會成員。

歐尼爾家的湯姆與瑪格麗特擁有相同的價值觀、相同的習慣，以及一樣的人生夢想與目標。在想法上，他們是彼此的盟軍，是真正的伴侶。而維柏林夫妻則是在錯誤的人生章節上相伴同行。瓊恩順從約翰的蜜月旅行計畫，約翰聽從瓊恩安排小孩去讀私立學校。

聰明理財法則 02

慎選人生伴侶

歐尼爾家的湯姆與瑪格麗特擁有相同的價值觀、相同的習慣，以及一樣的人生夢想與目標。在想法上，他們是彼此的盟軍，是真正的伴侶。而維柏林夫妻則是在錯誤的人生章節上相伴同行。瓊恩順從約翰的蜜月旅行計畫，約翰聽從瓊恩安排小孩去讀私立學校。

你所選擇的結婚對象，要不助你一臂之力，要不就拖累你。儘管你可能從羅曼史小說或電影裡學到你可能會和任何人墜入愛河，事實上，並沒有一個人在那裡等著你。你需要去尋找一個對象，而那個人與你有一樣的工作倫理、經濟目標與人生計畫，這些都是成功的首要條件。

所以，你要怎麼找到那個完美的伴侶？首先，你要先定義什麼是你理想的另一半。除了外貌，你希望未來伴侶有什麼樣理想的特性，你可以藉由自問下列問題開始定義：

- 他的心理狀態如何？是正面、樂觀，熱情，還是其他？
- 他的工作態度如何？他在工作上是認真還是懶惰？
- 他的教育程度如何？
- 對於活到老學到老的態度如何？他喜歡閱讀嗎？他喜歡學習不熟悉、新穎的事物嗎？
- 他的金錢觀如何？
- 他會節約用錢嗎？
- 他是會儲蓄的人嗎？
- 他會規避風險嗎？
- 他是善心人士嗎？
- 他願意支持別人嗎？
- 他是否有人生計畫？那是什麼樣的計畫？

- 他喜歡旅行嗎？
- 他喜愛小孩嗎？
- 他曾經憂鬱過嗎？
- 他喝酒嗎？如果有，會喝多少？
- 他關注自己的健康嗎？是否有規律運動？
- 他有夢想與目標嗎？他在人生中想要完成什麼嗎？
- 他與誰交朋友？好友是誰？你有多認識這些好朋友？

如果你不知道你想要結婚的對象是哪種類型的人，那你很可能會與一個在價值觀、夢想、目標或人生計畫上都和你大相逕庭的人共度一生。記得，成功是一個進程，那個進程有很大一部分是你讓誰待在你的身邊。要確定與你長相左右的人，是一個能與你共享相同價值觀、習慣、想法、夢想與目標的人。

避免欲望型消費

湯姆・歐尼爾大可以買下那只昂貴婚戒的，但他選擇不要。湯姆與瑪格麗特是有機會辦一場豪華婚禮的，但他們沒有選擇這麼做。他們本來也能夠去一趟充滿異國風情的蜜月旅行，但也沒有這麼做。反觀維柏林夫妻，都屈服於這些欲望型支出了。

欲望型消費者臣服於即時滿足感，他們不想存錢，就是為了能夠在欲望發生的每個當下馬上花錢滿足，可能是國外假期、昂貴的車子、更大的房子、珠寶、船等等。欲望型消費者花太多的錢在酒吧與餐廳了。更糟的是，為了維持他們高級的生活水準，他們會攬上更多的負債。

欲望型消費者製造出自身的貧窮，他們對於錢一點節制也沒有。當欲望型消費者因為年紀大了或身體狀況不允許而失去工作時，他們只會擁有一個赤貧的剩餘人生。他們得要倚賴家人、朋友、政府或他人的救濟。這樣的貧窮就是窮習慣中的「欲望型支出」所衍生出的副產品。

欲望型支出是一種以嫉妒當做燃料的窮習慣。當你羨慕別人時，你會想要別人擁有的東西，即便那些東西你根本無法負擔。非富者渴望富人所擁有的一切，因此他們會一頭栽進欲望型消費行為，為了滿足他們的嫉妒。這就是為什麼有很多非富者會欠一堆卡債的原因之一。

澆熄欲望型消費的方法是感恩。知足感恩能通往正向的心理狀態，並且是治癒欲望型消費這種窮習慣的藥方。當你對所擁有的事物懷抱感恩，你就不會再羨慕別人擁有的事物了。不過，感恩之心與嫉妒心一樣，在它發揮神奇功能之前，需要先經過一段時間鍛鍊，才能成為心靈習慣。一旦你開始打造這樣的習慣，感恩之心就會逐步消滅欲望型消費習慣。

如果你想要省錢，一定要停止欲望型消費。那要怎麼做？

每天早上，對你生命中正常運作的三件事表達感恩，例如：

一、我的車啟動了，我覺得感恩。

二、我的冷氣運作正常，我覺得感恩。

三、有人對我說了好話，我覺得感恩。

如此的早晨練習，幫助重新設定你的思緒，從負面（嫉妒）轉成正面（感恩）。只需要幾週，你將會開始看見一切變得不同，正面思考將會取代負面思考。在你眼中，你的水杯會是半滿，而不是半空。

聰明理財法則04

節儉，但不小氣

歐尼爾夫妻在花錢上很節制。湯姆從家裡帶午餐去上班；他們在霍勃肯租到一間平價的公寓；瑪格麗特利用折價券購買生活雜貨，並且在二手商店買衣服。維柏林夫妻則一點都不節儉，他們壓根沒在思考自己是怎麼花錢的。

要做到節儉有三個要素：

一、**覺知**：意識到自己的花錢方式。

二、**品質**：把你的錢花在品質好的產品或服務上。

三、**購物精打細算**：到處尋找最低價的商品，就能做到不多花冤枉錢。

採取儲蓄投資致富路徑的白手起家富翁們，都擁有節省的花錢態度。他們清楚知道自己每一分錢花在哪裡，這讓他們能夠掌控自己的錢。**如果你花的比賺的多，你永遠都無法擁有富裕人生。**

節儉的聰明理財習慣

- **使用折價券：**在我的富習慣研究中，即便已經很有錢的人，也都很認真地維持這項省錢習慣。我所研究的有錢人當中，有三〇％的人會用折價券買食物。當你採買生活日用品或在其他支出上能省錢，又為什麼要多花錢？
- **住比較小的房子或公寓：**總的來說，居住的房子或公寓是所有支出預算中占最高額的消費項目。當你設法住在規模比較小的房子或公寓，就能少花點錢在房貸利息、房租、房屋稅、修繕費、水電雜支費、保險費上。努力控制你的住屋花費不要高過你的淨收入的二十五％。
- **在折扣商店消費：**有太多人會衝動購物，如果換成其他時候，他們才不會多花這些錢，衝動購物是一種窮習慣。聰明的理財習慣是，只買特價品，或趁折扣活動時賺一筆。

- **去能自己帶酒的餐廳**：許多不提供烈酒、啤酒、葡萄酒的餐廳允許客人自己帶酒到店裡。餐廳在販售酒類產品時，加價的幅度有時可高達一倍，因此，自己帶酒可以幫你省一筆開銷。
- **降低度假費用**：花在度假的費用，不要超過你淨收入的五%。白手起家型的富翁不會去國外度假，他們的旅行既樸實又平價。他們會幫全家規畫划算的旅程。
- **食物預算**：花在食物上的錢，不要超過你的淨收入十五%。
- **娛樂預算**：娛樂支出要低於你的淨收入一〇%。娛樂支出包含花在酒吧、餐廳、電影、音樂、書籍、禮物上的總總費用。外食或購買現成食物的支出，都要包含在娛樂預算裡。
- **車子相關費用**：把車子相關支出控制在你的淨收入五%之內。這包括每個月的車貸、車險、加油費、停車費、牌照稅、維修費。
- **永遠不賭博**：賭博是高風險的投機行為，它是窮人稅。
- **治裝費**：只用低於你的淨收入五%的金額來購買衣物。許多二手商店有很多品質很好的衣服，雖然你可能要多花一些錢在修改費上，不過花這筆額外的錢是值得的。

你要針對上述的各類消費維持一定的預算計畫，並且連續三十天記下每一筆花費，這會讓你對自己的花錢方式大開眼界。實際花費的數字總是會與想像花費的數字非常不同。你將會很驚訝地發現，你在某一類的花費是如此地高。然而那是好事，要控制支出不是一件容易的事，一旦它變成每天的習慣後，就會輕鬆許多。你將會進入一種行為模式與固定習慣，使你遠離貧窮，並且有辦法存到錢，繼而引導你走向財富自由的路徑。

關於節儉生活，我還想說明另一個重點。很多人常常搞錯，以為節儉等於小氣。節儉生活與小氣生活截然不同。十九世紀全世界最有錢的人是康內留斯．凡德比（Cornelius Vanderbilt），他以兩種方式掌控了當時全美的交通運輸——蒸汽船與鐵路。他降低成本的能力備受推崇。在他管理的期間，他關心財務細節的程度令人佩服。例如，當他接收紐約中央鐵路公司時，他所做的第一件事便是拿掉火車上所有黃銅部分。要去除所有火車上的全部黃銅得花上許多錢，大家都認為他瘋了。

他為什麼要這麼做？

因為黃銅需要每天擦得亮晶晶的，沒有了黃銅，意味著不需要付錢請人來每天擦亮黃銅。擦拭黃銅的費用遠超過移除黃銅的費用，以長期來看，這個舉動為他的火車公司省下一筆可觀的錢。

節儉與小氣之間沒有共同點。節儉型消費的意思是用最低的價格買到最高品質的產品或服務。小氣型消費則是想辦法以最少的錢買東西或服務，對於品質的要求很低，或根本不要求。小氣型消費是一種窮習慣，因為你忽視品質，反而追求以低價買到品質不佳的產品或服務。

廉價物品在幾年之後就會開始損壞，會迫使你一而再、再而三地購買新品來更換。

廉價服務通常來自於專業經驗不足或表現能力不是太好的人。缺乏經驗或能力很可能導致失誤，最後你還是要花錢彌補。

廉價型消費成本是非富人付的一種稅金，而富人則沒有這樣的支出。

如果單靠節儉生活，你是不會富有的，那不過是富習慣拼圖的一片而已，而這樣的拼圖有很多片。**節儉型消費讓你增加能夠存下來的錢。你存的愈多，你就有愈多資金可以投資。**在手邊有一筆存款，就等於你隨時可以抓住投資的機會；沒有存款的話，機會過了就過了。

聰明理財法則 05

避免隨意購物

歐尼爾夫婦不隨意花錢，他們非常控制自己的花費；反觀維柏林夫婦，有著漫不經心、缺乏原則的花錢態度。他們抱持著隨意購物的窮習慣。

隨意購物有四個原因：

一、情緒：當你對未來無比樂觀時，你可能會發現自己陷入隨意購物的行為中。你假設自己擁有無限光明的未來，而你的收入會每年增加。當你允許高漲的情緒左右你的思緒，你可能會掉入將收入隨意花光的陷阱裡，導致無法存錢。當你感覺傷心或憂鬱，隨意購物作用起來感覺就會像是暫時的安慰，將你從一時的低潮抑鬱中拯救出來。解決辦法是，對你的情緒起伏時常保持警戒。向史波克[4]學習吧，好好控制情緒。那會讓你的前額葉皮質（prefrontal cortex）

能夠持續控制你的大腦，避免大腦的情緒化部位做出隨意購物的決定。

二、決策疲乏：每個人大約有三個小時的時間維持意志力。意志力最強的時刻，是前一晚有好好睡一覺之後。當意志力夠高，你的前額葉皮質就能完全控制你的大腦。如果意志力低落，你的前額葉皮質也跟著活動力下降，這會降低你控制花錢的能力。這就是為什麼超市要在結帳區放置商品的原因。他們知道，當你耗盡意志力時，你就會進入決策疲乏的狀態。於是他們期待你的脆弱狀態會讓你隨意買東西。解決的方法是，選擇最佳的購物時機，在睡飽一晚之後醒來的早上、小睡之後，或是吃完一頓輕食後。這三件事可以讓你的意志力充飽電。

三、摯交親友圈：如果你的摯交親友圈裡，有人無法擺脫窮習慣的消費模式，他們會以自己的習慣影響你。你將發現自己在仿效他們的習慣，以及他們的行為、思考模式與情緒。解決辦法是，改變你的摯交親友圈的成員，排除愛

---

4 史波克（Spock）是知名電視影集、電影《星艦迷航記》（Star Trek）中的人物。

花錢的人，加入有儲蓄習慣的人。

四、身體狀況不佳：毒品與酒精會損傷你的思考能力，並導致錯誤的消費行為。當你身體狀況不佳時，千萬不要花錢。解決辦法是，等到這些毒品或酒精造成的效應減退後再購物，或者，乾脆避免這種損害身體健康的行為。

成為自己的人生設計師——建構藍圖或計畫

歐尼爾夫婦對一切都是有計畫的，他們的計畫就是一路以儲蓄和投資累積財富。而維柏林夫婦則沒有任何計畫。

你必須為你理想的未來人生建構藍圖，這就是所謂的「夢想設定」。夢想設定是透過書寫或口述的形式，來定義什麼是你的夢想人生。總共有下列四個步驟：

一、**寫給未來的信**：想像五年、十年，甚至二十年後的生活形式。然後寫下你理想的未來生活中每一個細節。要非常精準：每年賺進的高額收入、令人滿意的高收入工作、你所住的超棒房子、你想開的好車、你所結交的有影響力的朋友、你累積的可觀財富、你旅行的異國地點等等。並且詳細說明你要先做到什麼，才能獲得你的理想未來生活。分享你所有達成的目標與完成的夢想，列出你所有的成就。

二、詳列每個夢想：從上述的「寫給未來的信」中，把代表你理想生活的每一個細節做成一個重點清單。那份清單會有「我的收入」、「我住的房子」等等。這些細節代表了你的夢想，而每一個夢想都將會變成你的理想未來生活的藍圖。

三、為每個夢想制定目標：為了要實現每個夢想，可能需要你完成好幾個目標才行。一旦你完成了這些目標，你的夢想就會成真。

四、建立目標習慣：最後一步，你要執行並完成這個每日習慣（目標習慣），這會讓你更靠近每一個目標的實現時機。一旦你完成了一個夢想的所有目標，該夢想就達成了，然後你可以開始追求下一個夢想。

每一個夢想的實現，就像朝你的未來人生往上爬了一階階梯。當你完成所有的夢想時，爬上那座階梯的頂端，你就攻頂了——你正擁有一直以來盼望的理想生活。

歐尼爾夫婦以五十出頭的年紀就到達他們的人生階梯頂端，這一切都要歸功於他們的藍圖計畫。

聰明理財法則07

持續投資你的儲蓄存款

歐尼爾夫婦的存款會幫他們賺錢。他們謹慎地把存下來的錢拿來投資。儲蓄很重要，如果沒有存款，你就不能拿它來投資並增加財富。

許多人只有一種收入來源——工作。而大部分的人不是窮困就是卡在中產階級。如果你想要脫離貧困或中產階級生活，你需要存錢以便幫你自己創造多重收入來源。在我的富習慣研究中，每一個白手起家的百萬富翁都是從單一收入來源開始的。接下來他們增加了第二來源，然後第三個，然後更多。

為什麼這很重要？當某一個收入來源被經濟低潮，或其他無法預知的人生事件比如說失能所影響而減低，其他收入來源就能夠救急，幫助你度過這段經濟不景氣或人生低潮期，你就不需要激烈地改變你的生活型態。

那麼要怎麼創造多重收入來源呢？可以參考下列兩個步驟：

一、**量入為出，節儉儲蓄：**每年存下你的淨收入二〇%或更多，並且學著以剩下的錢過生活。先存錢會逼著你降低生活標準，用剩餘的部分養活自己。

二、**謹慎地將存款轉投資：**將你的存款拿去投資具有生產力、會幫你增加額外金流的資產，像是：

- 出租一般房產或商業租賃房產：租金收入。
- 季節性出租房產如海灘小屋、滑雪小屋、湖畔小屋：季節性租金收入。
- 股票：股利與資本利得收入。
- 債券：利息收入。
- 共同基金：股利、利息、資本利得收入。
- 年金：未來退休收入。
- 終身壽險：退保解約金或者生前給付收入。
- 木材、原油與天然氣：權利金收入。

謹慎投資

湯姆與瑪格麗特把存款投資在他們事前已經研究好幾個月的股票上。說不定你還記得，瑪格麗特與湯姆會請教他們的財務顧問，請他推薦可以投資的股票。然後他們會請顧問將特定某間公司或某一種共同基金的詳細財務資料寄給他們參考。只有在他們仔細研讀該公司或共同基金之後，才會跟財務顧問聯繫後續投資事項。他們也會把存款投資在他們家所在市鎮的房地產。他們只投資在他們熟悉的事物上。在做下任何投資決定前，他們一定會做功課。

這就是風險管理。**有錢人特別會降低跟投資有關的風險，作法就是勤於做功課。**他們在投入自己任何一分錢進去前，會花好幾個月調查投資標的物。他們會避開投機致富辦法或狂熱型投資。

非富者不做功課。他們不研究投資；他們對風險毫無所知，無法招架。非富者擁有投機快速致富的思考模式。他們想方設法，看能不能不用工作就非常迅速地累積財富。這種投機致富的思考模式讓這些非富者相信，這世界上有一種更簡單的方法可以累積財富，不需要花費任何達成財務自由所需耗費的努力，輕輕鬆鬆就能攻頂。

那些有著快速致富想法的人，不追求他們的夢想。他們不設定目標，不願意踏出他們的舒適圈，不想要嘗試與學習新事物。他們絲毫不努力於讓自己比昨天更好，然而，培養專業知識與專家技術的基礎就在於每日的自我磨練。

讓你的錢各自歸位

瑪格麗特與湯姆擁有一個系統，或者說一個步驟，使他們能夠在每次湯姆領薪水時，就先把錢存起來。

瑪格麗特會立即把他們收入的一部分放進儲蓄帳戶，每一次薪水入帳時她都有做到。她讓夫妻倆的存款自動化，這迫使他們只能用支票帳戶[5]的餘額來支付生活所需。然後他們會把儲蓄的錢拿去投資，讓它運作產生利潤。起先他們投資股票，後來購買了馬納斯寬海灘的出租小屋。

歐尼爾夫婦把握每一個機會讓錢各自歸位，湯姆每個月收到薪水時，他們就馬上定額存進儲蓄帳戶，然後再把那筆存款轉成投資。而現在，要做到自動儲蓄與投資就更方便了。你可以透過網路設定，每筆收入的一部分就可以自動存進你的儲蓄帳戶。

聰明金錢法則⑩

避免陷入「生活方式升級心理」，勿將你的生活加大升級

歐尼爾夫妻住在霍勃肯一間很普通的公寓，去很一般的餐廳吃飯，不會花很多錢在度假上。他們的車子一開就是好多年，讓孩子就讀公立學校。他們結交同樣擁有節儉概念的朋友，讓自己保持在正確的道路上。

相反地，維柏林夫妻住在紐約市頗為昂貴的公寓，每三年換一輛新車。他們的嗜好是買船，享受奢華的度假行程。他們把孩子送到所費不貲的私立學校，每週好幾次到昂貴餐廳用餐。他們的身邊圍繞著花錢不手軟的朋友。

生活方式升級心理的定義是：提高你的生活水準好符合你增加的收入。

5 美國的支票帳戶（checking account），亦即現金帳戶，可以用現金、立即扣款或開立支票等方式滿足快速、頻繁的支付需求。

許多人在突然多賺一些錢的時候，就會出現這樣常見的窮習慣。人類生存的早期時代，不是吃飽撐著就是饑荒餓死。少數食物豐饒的時機出現時，古代人類會馬上抓緊能夠飽餐一頓的機會，狼吞虎嚥一番。如此一來，古代人類就可以儲存相當可觀的脂肪。當食物缺乏的狀況又發生時，古代人類就能夠生存下來，靠的就是在食物充沛時期所累積的體脂肪。

這種立即滿足感的特徵至今仍留在我們身上。在經濟發達的時代，人類天生的設定就是要大大滿足自己。當用錢可以買到更大的房子、更奢華的車子、珠寶、游泳池、高檔假期時，人們就花上大把大把鈔票。

富習慣就是：主動選擇放棄這種內在的花錢衝動，因而延後滿足感。如此一來，你就能把那筆錢儲蓄起來再轉為投資，好用來維持你未來的生活水準。

因此，當你獲得加薪、紅利、升職或一份收入更好的工作時，不要想說要換到更大的房子、更貴的車，或是購買珠寶及其他東西來擴張你的生活方式。有一個方法可以做到，就是認真地將你的收入（包括額外的加薪與紅利）中特定比例的金額存起來。這樣的話，你就能守住持續儲蓄計畫，那將會讓未來的你無比受益。

一旦你花錢，錢就是沒了。當你的人生遇到阻礙，像是丟掉工作或失能，你就得要賣掉你的家當。如果你買的東西不再有當初的價值，你拿回來的錢就只有一點點了。

如果你想確保將來某一天可以做到財富自由，那麼你一定要培養節約生活的習慣。你強迫自己的方法是，**自動將收入的二〇%存起來，然後謹慎地拿來投資**。當你存下收入的二〇%或更多時，那就迫使你降低生活水準，好讓自己可以用剩餘可運用的錢生活下去。假以時日，你的投資就會讓你做到財富自由，或者，甚至有可能是富有的。

在我的研究中，有一位採取儲蓄投資路徑的白手起家富翁告訴我，他達成財富成功依靠的是一個很簡單的原則：不換房、不換老婆、不換車。

這幾個字裡有很深的智慧。它的意思是，不管你人生中發財多少次，千萬不要改變你的生活水準。切勿擴張你的生活模式，也不要去買一些你其實不需要的東西。**為了將來，你要好好過著節約生活、存錢，以及投資。**

保持心胸開放，別讓偏見影響你的財務決定

瓊恩．維柏林對公立學校的印象不好，這影響了夫妻倆的決定，最後將小孩送到私立學校。對於馬納斯寬公立學校制度，她並沒有打開心胸去了解。

是什麼導致了偏狹的想法？

- **意識型態**：這是一種深植你腦中、堅定不移的信念。大部分這樣的信念來自你的成長教養背景；有時候，來自於某些有影響力的人或重要的伴侶。不受質疑的意識型態就像一堵牆，讓你的想法不容被挑戰。
- **無知愚昧**：如果你缺乏知識，你就無法即時看見機會降臨。
- **自大**：擁有過度膨脹的自我，意味著你認為自己總是對的。這讓你拒絕

接受新的資訊、想法與事實，偏偏這些對於成功來說都不可或缺。

• **低自尊：**當你的自尊心低落，你會看輕自己的見解、想法和個人能力。低自尊像是一個自我生成的剎車系統，將阻礙你的步伐，使你無法前進。

• **憤怒或憎恨：**憤怒與憎恨是兩種非常相似的負面情緒，會蠶食你的想法與行動。當你對某一個人生氣或憎恨一個人，你會忽視他想說的話。憤怒與憎恨關閉了你的大腦。

無巧不巧，白手起家型的百萬富翁都會養成心胸開放的習慣。保持心胸開放是成功的前提要件。要能接受新想法、新資訊、新知識，都需要擁有一個開放的頭腦。如果拒絕別人的想法進入你的腦子，你根本無法學習與成長。

然而，很多人的想法都很狹隘，只能接受某種意識型態與偏見，這最後就是讓他們無法成長，亦無法發達成功。心胸狹隘會限制你在人生中的各種機會，阻礙成長，並將你自己送往平庸、貧窮或失敗的命運。讓心胸保持開闊，可以幫助清除路障，迎接無限的機會與成長。

接受新的想法吧，就算那些想法一開始會挑戰你的理解力。儘管聽起來很不熟悉或很難接受，也不要將別人的想法拒於千里之外。心胸開闊並不是與生俱來的人類特徵，那是需要努力的，就像習慣一樣。這就是為什麼保持開放的心是我提倡的富習慣之一。開明的人才會成長，心胸狹窄的人不但沒有長進，還會卡在人生裡走不出來。

結交有儲蓄習慣的朋友

湯姆與瑪格麗特身邊的朋友都跟他們一樣，保持節約生活的習慣。他們與這些朋友一起在餐廳聚餐。維柏林夫妻則結交同樣喜歡享受昂貴餐點的朋友。物以類聚。毫無意識地，我們會尋找與我們相似的人，並跟他們做朋友。前耶魯大學研究員尼古拉斯・克里斯塔基斯（Nicolas Christakis）曾指出，習慣會像病毒一樣，在你的社交圈蔓延開來。

這可以是一件好事，如果你和其他人同樣擁有具建設性的想法，也能讓生活變得更好。例如你的社交核心圈裡有人既節儉又懂得存錢，那他們的聰明理財習慣很有可能會影響你。

然而，要是你的社交核心圈成員所擁有的習慣，既無建設性又有害，那就是一件不好的事了。根據我的富習慣研究，那些掙扎於金錢困境的人，會無意識地讓自己身處有毒的人際關係中——與負面思考的人往來，那些人擁有不良的理財習慣、不好的健康習慣、情緒不穩、有上癮症狀、工作態度不佳，以及許多其他危害快樂健康生活的特質。

相反地，在我的富習慣研究中，白手起家的百萬富翁就不是這樣。**他們刻意讓自己身處在「富裕人際網絡」——結識擁有聰明理財習慣、良好健康習慣、情緒穩定的積極人士，這些人也喜歡穩健且長期地與類似想法的人結交為朋友。**

如果你想改善生活品質，很重要的方法是在你的社交圈或俱樂部裡，納入符合富裕人際網絡的成員，並且盡可能減少接觸有毒的不良人際關係。努力打造富裕人際關係並且避免有毒人際關係是一門科學，或者可以說是一個歷程。這個歷程的核心，就是理解富裕人際關係與有毒人際關係的差異。

富裕社交性格

擁有富裕社交性格的人，顯著的特色是擁有積極、樂觀、正面的思考模式。富裕社交型的人抱持著「天下無難事」的態度。他們相信，只要夠認真，每一個人必定能成就任何事。

富裕社交型的人會鼓舞你，為你創造機會。他們會幫助解決你的問題、改善你的生活。他們對你說的話充滿快樂、愛與鼓勵，讓你可以朝著目標或夢想繼續前進。

下列是富裕社交型的人擁有的部分特質：

- **豐盛型思考模式**：他們並不會將成功視為是「零和賽局」（zero sum game）——意即有人贏就有人輸。他們相信每個人都是贏家。
- **專注於解決辦法**：他們會專心為問題找到解答。
- **提供具建設性的批評**：他們提供批評時，用意在於幫助別人，而不是詆毀或潑人冷水。
- **樂觀**：他們相信可以改善自己的生活環境。
- **自信**：他們對自己的目標與夢想付出行動，這提升了他們的自信。

・**謙卑**：他們認為自負是一種缺陷。

・**情緒穩定**：他們會刻意控制自己的情緒，尤其是生活中發生不如人意的狀況時。這會讓與他們共事的人感到有信心。

・**天下無難事的態度**：他們相信生命是由自己打造的。

・**快樂**：他們追求生命中好的一面，而不是壞的一面。

・**感恩之心**：他們專注在手上擁有的東西，而非別人擁有的東西。

・**禮讓之心**：他們專注在為別人錦上添花，會把自己的需求放一邊，先為別人雪中送炭。

・**耐心**：他們理解成功與財富都需要時間累積。

・**努力不懈的堅持**：他們永不放棄目標與夢想。

・**著眼於未來**：他們持續追求目標與夢想。

・**尋求他人的反饋**：他們追求反饋以用來幫助自己更聚焦，變得更好。

・**真實做自己**：他們不會偽裝自己成為其他人。這是因為他們喜歡自己現在的樣子。

・**放眼未來**：他們投資自己，犧牲現在，就是為了更燦爛的未來。

有毒社交性格

這組人的正字標記是被動、負面思考。有毒社交型的人把自己視為周遭環境的受害者。這種負面、被害式的想法孕育出一種冠冕堂皇的說法——他們相信他們被錯待了，而有人應該要匡正這樣的錯誤；通常，「這個人」指的就是「政府」。他們認為社會很多方面都在扯他們的後腿，讓他們難以從貧窮或經濟困境中掙脫出來。基本上，他們把自身的經濟困難怪罪在父母、華爾街、有錢人、銀行、政府政策或整個社會身上。他們就是很少責怪自己。

有毒社交性格的人會把你拉入深淵。他們的生活充滿戲劇性、矛盾衝突、火燒屁股般的緊急事件與經濟困難。當他們在你的交友圈中，他們的問題有一天終將變成你的問題。

下列是有毒社交型的人擁有的部分特質：

* **經濟問題**：有毒社交型的人會有金錢麻煩，像是可觀的債務，通常是卡債。他們向認識的人借錢救急。如果你的社交核心圈有這樣的朋友，總有一天他們會打電話來借錢的。
* **匱乏的思考模式**：他們相信就算財富是能追求的，也肯定是機會渺茫、困難重重。
* **專注於問題**：他們偏重找問題，而不是找問題的解答。他們看到的都是問題。
* **破壞性批評**：因為自尊心較低，他們一有機會就會用貶低的、批判的語言來傷害別人。
* **悲觀**：他們看到的未來很有限，甚至看不到希望，因此他們抗拒追求目標和夢想。
* **膨脹的自我**：他們有一個壞習慣，就是會在別人面前誇大自己，好取得別人的羨慕。
* **失控的情緒**：他們允許自己毫不克制地發洩情緒。易怒是他們的特性。

・**無助或毫無希望**：他們不期待自己有能力可以提振自己並改善生活。

・**傷心或憂鬱**：他們如同行屍走肉，這讓他們覺得悲傷，甚至絕望。

・**不斷渴求**：他們只看見自己缺乏的，對於自己擁有的東西不覺得感激。他們總看著別人身上擁有的，而不斷比較。

・**自我中心**：他們自覺有權利把自己的需求與欲望擺在第一位。

・**沒耐心**：他們對建立財富缺乏耐心，同時懷抱著對生命的無助感，使他們無法耐心等待轉變。

・**害怕別人的反饋**：因為沒有安全感，或者自大心態作祟，他們會避免尋求別人的反饋。事實上，他們害怕並且避免反饋。

・**偽裝**：他們對於身處的環境並不感到開心，而他們的自我會驅使他們偽裝成別人。

・**短暫的注意力**：他們企求立即的滿足感，並且不願意長期投資自己。當他們想要什麼，他們馬上就要。

你的目標應該是建立你自己獨特的圈內人俱樂部，裡面的成員都擁有聰明理財習慣與富裕社交型特質。當你知道要尋找何種特質的朋友時，就能輕鬆區分出富裕人際關係與有毒人際關係了。

富裕社交型的人會助你一臂之力，他們會變成你建立財富的旅途上非常活躍的參與者。他們將是你最大的資產。

為你心中最重要的東西儲蓄

湯姆與瑪格麗特擁有特定的價值觀，幫助他們創造聰明理財習慣。他們存錢是為了可以多付點房貸，早點擁有自己的家。他們也為了能夠有錢投資而儲蓄，這樣就可以創造不同收入管道。為了讓小孩將來可以讀大學，他們努力存錢。為了房子，為了投資以創造多元收入，為了大學教育基金，這些都是歐尼爾夫妻最重視的事。他們不會為了要讓別人羨慕，而把重心放在物質生活上。

相反地，維柏林夫妻的價值觀就很不同了。他們非常重視生活的奢華程度，以及能否用他們的房子、度假方式、珠寶、船與其他沒有意義的所有物來令人驚豔。他們偏好活在當下，立即滿足感幾乎是他們所有財務決定的驅力。這樣的價值觀讓他們無法為小孩的大學教育、他們的退休計畫，以及突發事件存下任何錢。

什麼是價值觀？價值觀就是生命中你覺得最重要的那些事。對你來說極為重要的事，會演變成你生命中最優先的事，為此，你會投注相當可觀的時間或金錢。以我為例，我的第一順位是當一個慈愛、有啟發性的父親及祖父。即便我的小孩現在已經長大成人了，我依然從非常忙碌的時程表中，擠出一些時間和他們相處。我會這樣做，是因為我將家庭優先於其他所有的事。

而你看重的事物是什麼？對你來說，什麼是重要的呢？是知識、同理心、家庭、經濟無虞、友誼、誠實、慷慨、對別人有所啟發嗎？還是自我成長、靈性、財富、快樂、權力、慈善、尊敬、領導力、愛、簡單生活、好習慣？

價值觀有如習慣，會像病毒一般在你的社交核心圈蔓延開來。如果流傳的價值觀是好的價值觀，那你的社交核心圈裡的所有人都會受益。價值觀不論好壞，都會形塑你的生活以及周遭人們的生活。

如果你的生命是一棟房子的話，價值觀的角色就像是地基上最主要的柱群一樣，它們對你來說是最重要的事。例如我的價值觀依照重要性來排的話，就會是：

・直系親屬家人
・健康的身體
・友誼
・富裕社交型人際關係
・學習
・財富自由
・啟發他人
・家族

了解自己的價值觀很重要，因為你的價值觀就是驅動力——它會讓你的夢想、理想生活的願景、熱情，以及習慣化為行動力。

因為我的研究，我後來了解到，價值觀催生了我們生活中的習慣。例如，因為我的價值觀，我養成下列習慣：

- 經常打電話關心我的孩子（直系親屬）、我的朋友（友誼）、我的兄弟姊妹與他們的伴侶（家族），以及其他我想維持或培養的人際關係對象（富裕社交型人際關係）。
- 每天運動、吃大量蔬菜以維持體內健康的微生物群（健康的身體）。
- 每日閱讀（學習）。
- 將我的富習慣研究寫成書（啟發他人）。

因此，如果你擁有好的價值觀，你會培養出富習慣，而這些富習慣將會創造好的生活。相反的，如果你擁有不好的價值觀，你會養成窮習慣，進而你的生活將變得一團糟。

當你的價值觀有所偏差，習慣就會歪斜，而你的生活接著就會脫離正軌。你的習慣只不過是建構在價值觀之上、每天重複的活動罷了。**將價值觀化為行動就是你的習慣**。好好定義什麼對你來說具有真實的重要性。不要賦予物質生活任何價值意義。擁有什麼不會讓你快樂，只有財富自由才會讓你快樂。

金錢等於自由

正因為歐尼爾夫婦有儲蓄，並聰明地將存款轉為投資，這才讓湯姆能夠辭去律師事務所的工作，然後多花點時間陪伴家人。

他們的儲蓄習慣同時讓湯姆在五十五歲之前就退休了。

當約翰失能時，維柏林一家被迫搬離他們深愛的房子。他們的生活都倚賴身邊其他人的慷慨相助。

因為窮習慣使然，他們失去為自己的生活好好打算的能力。事實上，他們的窮習慣，代價就是失去自由。

財富自由的首要條件是身體健康

湯姆．歐尼爾為了要促進健康，每天健身。約翰．維柏林根本不運動，並且變得過重，最後摧毀了他的健康。

你沒辦法在醫院病床上賺錢，建立財富的前提是維持健康的體魄。每天運動會讓你維持健康，尤其是有氧運動。

下列是有氧運動有助健康的原因：

- 有氧運動增加通往大腦的血流量，以充滿氧氣的血液滋養全身。
- 有氧運動能強化你的心臟。
- 有氧運動幫助擴張你的小血管（毛細血管），這樣就能吸收增加的氧氣，然後這些氧氣會送往你身體裡所有的肌肉與每一個細胞。氧氣也會帶走廢物，像是自由基與乳酸。

- 當你進行有氧運動，你的身體會分泌腦內啡，這是一種天然的止痛劑，有助於提升良好的感覺。
- 有氧運動減低下列疾病的風險：過重、心臟疾病、高血壓、第二型糖尿病、中風、某些癌症。
- 身體重量所能承受的有氧運動，如走路或慢跑，能夠降低罹患骨質疏鬆的風險。
- 有氧運動幫助降低血糖。
- 有氧運動能夠增強高濃度脂蛋白（或稱「好的膽固醇」）的濃度，並降低低濃度脂蛋白（或稱「壞的膽固醇」）。這樣會有什麼潛在效果呢？那會減少累積血管粥狀物。
- 有持續在做有氧運動的人，都會活得比較久，因此會比沒有規律運動的人更有生產力。這份增加的生產力，放大了你這輩子所創造的收入總額。

創造多種收入來源

歐尼爾夫妻把先生的薪水存起來之後，拿來創造多種不同收入來源。他們的股票投資帶來分紅與資本利得收入，多筆房地產投資創造多種租金收入。他們將目前的收入部分存起來，為的就是創造未來退休後的收入。

維柏林夫妻依賴的是單一收入——約翰的薪水。當約翰生病無法工作，他們沒有其他營收來源可以救援突發狀況。

拓展並開創多元的收入來源，能夠幫助你安然度過常見的經濟衰退。有錢人比較不會感受到這類衰退的嚴峻影響，單一收入來源（通常是工作）的人比較有感。

非富族群的單一收入來源就是「一個釣魚洞、一根釣竿」，當發生經濟衰退或像是失能這類無法預期的狀況時，這種單一收入來源就會深受衝擊，導致這類非富族群受苦於經濟困境。

當你只擁有一種收入金流，你沒有辦法掌控你的生活。像是經濟衰退或失去工作能力這類的外力事件發生時，就會像被人扯後腿般殺你個措手不及。

富人則是有「很多釣魚洞、很多釣竿」，如果其中一個來源暫時出狀況，他們就能從其他地方獲得收入。

在我的研究中，富人會創造其他收入金流來源，像是：

- 房地產租金
- 不動產投資信託基金（REITs）
- 分權共用（tenants-in-common）不動產投資
- 純粹淨利租賃（triple net leases）[6]

6 「純粹淨利租賃」指的是承租客需負擔抵押利息、分期付款、產業稅、產業保險及責任險、保養費及其他相關費用等，租金通常比較低，但出租方收到的會是純粹淨利，無需負擔該租地或租屋的任何債務。

・股票市場投資與共同基金
・年金
・季節性不動產租賃（海灘小屋、滑雪小屋、湖畔小屋出租事業）
・私募股權基金（Private equity）
・副業合夥股東
・權利金（專利、書、原油、木材等等）

富裕不只在金錢——七種富裕類型

歐尼爾夫婦擁有多重的富裕型態，包括經濟富裕、健康富裕、人際關係富裕、時間富裕、平靜心靈的富裕，都是由他們一手打造的。

維柏林夫婦則沒有創造多重富裕。夫妻倆在經濟上掙扎，約翰失去健康的身體，到老死的那一天，他們還在擔心錢的事。

當你想到「富裕」這個詞，腦中立即浮現的是什麼呢？不外乎是金錢或投資吧。

當我完成富習慣研究時，我想到的是，富人們擁有的許多習慣和累積財富一點關係都沒有。幸好我做了研究，我發現有七種富裕類型：

一、**經濟富裕：**擁有的財富比支撐理想生活所需還要再多一點。

二、**健康富裕：**精實、健康、身材勻稱，沒有罹患慢性疾病。

三、**人際關係富裕：**身邊圍繞著一群積極、樂觀、快樂的人，他們愛你、關心你，並且鼓勵、支持你做任何事。

四、**時間富裕：**擁有足夠的自由、不需工作的時間，可以盡情地與家人朋友從事你們喜歡的活動。

五、**智識富裕：**擁有專業知識，可以使他人受惠，或使你可以換取收入，讓自己與家人生活無虞。

六、**天賦富裕：**擁有特殊的天賦才能，可以幫助他人，或使你可以換取收入，讓你與家人生活無虞。

七、**平靜心靈的富裕：**很少或根本沒有壓力，覺得平靜且放鬆。

富裕不總是與金錢畫上等號，你可以讓自己在很多層面都感到富足。

變有錢並非單一事件

成為有錢人並非一次性的事，而是一連串的過程步驟，況且，在我的富習慣研究中，儲蓄投資型路徑是需要時間才能成功的。

歐尼爾夫妻按部就班地建立他們的財富。他們將湯姆的部分薪水存起來，然後好幾年很謹慎地把存款用在投資上。為了存錢，他們被迫要做出某些犧牲，好讓自己可以減低生活開銷。最後，他們穩健的聰明理財習慣創造了非常巨大的一筆財富。

維柏林夫妻則沒有任何步驟計畫，只冀望約翰一直工作到可以退休的年紀，然後期待公司給一筆豐沛的退休金。基本上，約翰是把他的蛋都放在同一個籃子裡——退休金。

在過了許多年後，歐尼爾夫妻開始讓他們的財富類型多元化。他們投資股票與共同基金，為自己住的房子與出租不動產增加房屋淨值，也投資馬納斯寬的不動產市場。這些都很花時間，但藉由讓財富類型多元化，歐尼爾夫妻創造了多重收入金流，最後讓他們變得非常富裕。

好目標vs.壞目標

歐尼爾夫婦會設定好目標，他們持續將湯姆的部分收入存起來，然後謹慎地拿存款來投資。他們也為孩子的大學學費而儲蓄。他們為名下擁有的房產累積高額的淨值，這降低了每個月需要付給銀行的房貸。減少的房貸支出幫助他們降低每個月開銷，所以湯姆得以自由地離開律師事務所，轉到薪水較低、要求較少的公司工作。

維柏林夫妻設定的就是壞目標：要價不斐的婚戒、奢華的婚禮、異國蜜月旅行、華麗的馬納斯寬住宅、闊綽的度假行程，以及約翰沉迷於航船。他們花錢是為了支持這些壞目標。

並不是所有的目標都是好目標。你需要理解好目標與壞目標之間的差異。

好目標

好目標需要長時間的耕耘，為了在將來獲得更大的利益，這些目標會避免立即滿足感或者立即獎賞。

所謂的利益，包括財富自由、身體健康、穩定優質的人際關係、快樂。好的目標會滋養未來的你，敦促你成長、變得更好，這樣你才能夠變成你所希望的樣子。

例如，「減重十公斤」就是一個好目標。設定減重計畫通常會牽涉到每天運動、健康飲食以及擁抱健康的生活方式。身體健康來自於運動與良好飲食，那也會成為控制你的飲酒量或戒菸的動力。一旦成功減掉多餘的體重，你會享受別人的稱讚並且覺得自己更健康，而這些都創造了更長遠的快樂。

壞目標

壞目標所需要的專注力極為短暫，它為了創造立即的好處而放棄延後滿足感，並且忽視此行為對未來的衝擊影響。壞目標對未來視而不見，以個人層面來說，它對你的成長或自我改善一點幫助都沒有。

舉例來說，「擁有一輛法拉利」就是一個壞目標。為了要擁有一輛法拉利，你決定要賺更多的錢。所謂賺更多的錢，要不就是加倍工作，要不就是承擔過多的財務風險（像是賭博）。加倍工作的成本是你會比較沒時間陪伴家人。別誤會，加倍工作賺更多的錢可以是件好事，但如果你是把多賺的錢拿來滿足物質生活，像是買一輛法拉利，那麼這個目標就敗壞了。

從擁有更好的物質生活所衍生出來的快樂，會隨著時間過去而消退，因為購物所產生的愉悅感總是短暫的。你終究會回到你的一般快樂基線（hapiness baseline），過了幾個禮拜之後，那輛法拉利不再持續創造快樂。然而，失去與家人相處的時間卻是永遠無法彌補的。

相反地，如果目標是將那筆額外的收入聰明地投資在可計算的風險標的物上，像是副業、股票投資或者房地產投資，那麼就可以把「賺更多的錢」這目標轉化成一個好目標。

達成目標的好處應該要能創造長期益處，或者創造持續性的快樂，像是有更多時間陪伴家人、更多的個人成長、財富自由、更健康的身體等等。當一個目標的達成與否，建立在是否擁有更多財產或即時滿足感上，那大多是一個壞目標，是一種浪費的投資。

謹慎挑選你要追求的目標。不是所有的目標都天生一樣好。

好習慣帶來好運，壞習慣帶來厄運

歐尼爾夫妻擁有良好、實在的價值觀。他們為了這些價值觀建立起習慣，幫助他們更能理解伴隨價值觀而來的目標和理想。像是為了要擁有財富自由而培養的存錢好習慣，讓湯姆能自由地離開工作壓力超高的律師事務所，轉而前往比較輕鬆的製藥公司。那家公司後來被收購，而湯姆收到的不只是豐厚的退休金，還有一份意外之財：價值一百萬美元的非限制性股票。

維柏林夫妻擁有的則是不好的價值觀。一如歐尼爾夫妻，他們也因自己的價值觀而建立起一套習慣。他們花光約翰賺的每一塊錢，壓根沒有儲蓄。約翰別無選擇，只能留在律師事務所繼續超時工作。後來約翰中風，他們也沒有存款可以救急，只能先讓兒子從聖母大學輟學，最後還不得不賣掉他們在馬納斯寬的房子。

好習慣會創造一種獨特的好運，稱為「機遇運氣」（Opportunity Luck）。對歐尼爾家來說，這樣的機運運氣就是湯姆後來任職的公司被意外收購。因為湯姆與太太有著良好的儲蓄投資習慣，這讓湯姆能斷然從律師事務所離職，改去一家上市公司上班。雖然新工作的薪水較低，卻提供他以股票補償的配套方案。湯姆獲得的是限制性股票，當公司被收購時，湯姆得以自由出售這些股票，也因此接受了公司提出的提前退休計畫。歐尼爾夫妻因為擁有好習慣，得以讓他們擁有選擇的自由，使自己在好運來臨時穩穩地接收。

壞習慣創造的則是一種特別的壞運氣，稱為「有害運氣」（Detrimental Luck）。對維柏林家來說，有害運氣發生在約翰中風的時候。因為不良的金錢習慣，他們沒有任何存款，因此約翰別無選擇，只能繼續在他任職的律師事務所超時辛勤工作。正因為約翰從來沒有培養過良好的健康習慣，超時工作與工作壓力最後終於損害了他的健康。因為維柏林夫妻的壞習慣，他們讓自己深陷壞運氣中。

財富消除五十八％的人生問題（與壓力）

歐尼爾夫妻保持很低的生活水準。他們不把錢花在買東西上，而是儲蓄之後轉投資。因此，他們除了能應付每月支出外，還剩很多錢可以投資，以備不時之需。簡言之，他們比較沒有財務煩惱。

維柏林夫妻則維持高水準的生活型態。他們位於馬納斯寬的房子是附近最大的房子，而這麼大的房子需要較高的修繕費、水電費與房屋稅。除此之外，他們還有其他支出，像是需要定期維護的游泳池、約翰的高爾夫球俱樂部、約翰的駕船嗜好、買珠寶、高級度假行程與很多其他開銷。維持這麼高的生活水準，導致約翰與瓊恩成天被帳單追著跑。一旦天有不測風雲，像是約翰中風，他們就會發現自己的世界充滿煩惱、問題、壓力，比如醫療支出問題、孩子大學學費問題，更面臨養不起房子的問題。

不管富裕或貧窮，大家都會面對相同的煩惱。我花很多年在富習慣研究裡仔細檢視有錢人與窮人，而我發現，每個人都會遇到的常見大問題有十二種：

一、身體健康問題
二、經濟問題
三、家庭問題
四、鄰居問題
五、居家修繕問題
六、車子問題
七、上癮問題
八、工作問題
九、人際關係問題
十、死亡或者失能問題
十一、時間管理問題

十二、天氣問題

以上都是常見的問題，為此受到影響的人們創造出不快樂的感覺。**而富人與窮人的最大不同在於，富人較能輕易地克服並消除這些問題，因此減免了這些問題帶來的不快。**

當我分析我的研究數據時發現，所有這些現代生活會遇見的問題中，富人只會對五種問題真的感到苦惱：

一、家庭問題
二、健康問題
三、時間管理問題
四、死亡或失能問題
五、天氣問題

計算一下就會發現，富人只需擔心四十二%的人生問題。或者換個角度來看，成為富人就能消除五十八%的人生重大問題。讓我們更深入討論這部分。

一、**健康問題**：我的富習慣研究資料顯示，有七十六%的富人會每天進行三十分鐘的有氧運動。有氧運動能帶來的健康益處研究非常清楚——有氧運動會改善你的健康狀態，並且延長壽命。但是，對癌症也有用嗎？癌症其實滿公平的，不管是富人或窮人都有可能罹患癌症。然而，研究顯示，不好的飲食習慣會增加致癌的風險。根據我的研究，富人與窮人有非常不同的飲食方式。富人吃的垃圾食物與酒精飲品比起窮人來說少很多，他們也會避開速食餐廳，比較不去攝取糖分。除此之外，富人在意外發生時，經濟上有能力獲得較好的醫療照護。儘管如此，即便富人能負擔最好的醫療照顧，金錢還是無法阻止健康問題的發生。

二、**經濟問題**：富人唯一的經濟問題，就是要如何處理他們的錢與投資。我研究對象中的富人每個都擁有自己的房子，其中有八十四%沒有房貸。

三、家庭問題：不管是富人或窮人，我們都無法控制家庭問題。擁有家庭意味著你要處理所有跟家庭議題相關的狀況。

四、鄰居問題：富人可以有選擇鄰居的優渥自由。他們能夠負擔住在他們認為最好的地點。而且，如果他們覺得再也無法忍受鄰居，也有能力搬到更好的地區。

五、房屋修繕問題：如果中央空調系統壞了，富人有錢可以馬上修好它。當家裡出現需要大規模修繕的部分，富人唯一要擔心的只有水電工或木工可以多快完成工程。對富人來說，房子需要整修時，錢根本不是問題。

六、車子問題：如果富人的車子出狀況，他們有錢馬上把車子拖去修理廠維修，或乾脆買一輛新車。

七、上癮問題：藥物濫用是人類社會疾病，沒有人（包括富人）能夠逃離被這個疾病纏上的可能。最大的不同在於，富人能夠負擔將自己、伴侶或小孩送到最好、最有效的戒斷復健中心。富人所擁有的經濟能力，使他們能夠確保擁有最好的醫療照顧來應對上癮症狀，因此也較有機會戒除它。

八、工作問題：根據我的富習慣研究資料，有八十六%的富人喜歡或甚至深愛他們賴以為生的工作。因為他們熱愛自己的工作，就會有比較好的工作表現。他們不會害怕被炒魷魚，因為他如果不是擁有自己的事業（我研究中的五十一%富人是企業主），就是身為該工作領域的主事者（在我的研究中占了九十一%），這也表示，他們就是決定雇用或開除別人的人。

九、人際關係問題：在我的資料中，人際關係是富人使用的貨幣。他們身邊圍繞著想法一致的朋友，分享彼此的目標、夢想、價值觀、想法、道德觀與德行。他們在維持人際關係上投入相當多時間，並且養成習慣避開有毒的人際關係。另外，因為他們是富人，他們受到不同的待遇。非富人、銀行、非營利組織與其他個人與團體都知道，富人能夠在經濟上或從有力人脈中提供他們需要的協助。因此，富人通常會被好好款待，因為他們被期待著在某些地方能夠提供幫助。

十、死亡或失能問題：死亡或失能狀況會在任何時刻發生在任何人身上，不管是富人或窮人。

十一、時間管理問題：在我的富習慣研究中，有六十五%的富人擁有至少三種以上收入來源，因此，富人經常需要擠壓時間來經營他們的收入金流。此外，根據我的研究，有九十一%的富人在工作上握有決定權。不管他們人在哪裡，就算是在度假，伴隨決定權而來的責任無所不在。因此，時間管理一直都是富人要處理的問題。

十二、天氣問題：我需要特別說明這個部分嗎？天氣影響每個人，不管是富人或窮人。

當你成為富人，你就能夠消除一般的日常問題，然後也會免除這些問題帶來的不快。當你是窮人時，這些問題揮之不去，經常製造長遠的不快樂。所以，下次如果有人跟你說金錢不能購買快樂，你也不用買單那個說法。

有太多人被灌輸一種信念，認為追求財富是邪惡或不好的，這樣的想法不僅負面且具限制性，讓你怯於追求財富。財富是好的，因為它能減少人生的日常問題。

財富遊戲計畫

歐尼爾夫婦為他們的人生創造一份藍圖，並擁有一個財富遊戲計畫。而維柏林夫婦沒有這樣的計畫，反而在無意識下，他們擁有的是貧窮遊戲計畫。我試過一次又一次，想要幫助約翰與瓊恩改變他們的遊戲計畫，但他們不聽勸，也不肯依照我的建議付諸行動。

當我完成五年所收集的富人、窮人資料分析後，我了解到一件事：基本上，財富與貧困就是兩種不同的系統，或者說是不同的遊戲計畫。遵守財富遊戲計畫的人，才有能力創造財富。有些人，像是歐尼爾夫婦，甚至可以變成有錢人。而依循貧窮遊戲計畫的人，像是維柏林夫妻，最後就真的變得貧困。

財富遊戲計畫

・為你的經濟狀況負起責任。

・每天都變得更好——致力於長期的每日自我鍛鍊。閱讀是為了要學習，不是為了娛樂。

・追求你自己的夢想與目標——別把你的梯子搭建在別人的夢想之牆上。

・制定好目標，遠離壞目標——好目標會緊緊拴住你的夢想與遠景，讓你成為未來你想成為的理想之人。壞目標只會來增加你所擁有的物品。

・永遠不要背棄你的夢想與目標。

・鍛鍊好習慣，避免壞習慣——好習慣幫助你成為更好的人，並推著你前進；壞習慣則相反。

・與同樣擁有聰明理財習慣的人往來，他們會跟你有相似的良好用錢習慣，並且能與你分享人生的財富夢想與目標。

・永遠不要賭博。

・先儲蓄收入的二〇%或更多，然後才開始花錢。

・控制你的思緒與情緒。

- 永遠不要想到什麼說什麼，控制說出口的話。
- 永遠不要談論是非八卦。
- 積極尋求比你先達成目標的人生導師。
- 永遠不要批評、譴責或抱怨。
- 每天進行有氧或無氧運動（舉重或阻力肌力訓練）。
- 每天健康飲食。
- 節制壞習慣（吃垃圾食物、看電視、上網、喝酒等等）。
- 為明天而活——為了追求你的夢想與目標而延遲獎勵。
- 為你的理想未來生活創造清晰的願景——你以此願景所產生的嶄新自我認同、行為、思緒與習慣，將成為未來的你會擁有的行為、想法與習慣。
- 永遠不要說謊、詐騙或偷竊。
- 誠實對待伴侶、朋友、同事、客戶和人生導師。
- 達成或超過別人對你的期待。
- 做到風險控管，避免不必要的風險。

• 盡可能嘗試各種事，直到找到你的天賦，然後用人生所有時間致力於練習這些天賦，使它們更臻完美。
• 喜歡或愛上你賴以為生的工作。
• 為他人提供頂級、加值的服務或產品。
• 成為給別人鼓勵的人，而不是給噓聲的人。
• 成為你工作領域的專家。
• 創造多元收入來源，永遠不要單靠唯一收入。
• 擁有正面、樂觀、必會成功的人生觀。
• 每天的睡眠時間至少七小時以上。
• 欣然接受錯誤或失敗，它們是你的老師。
• 節儉用錢。
• 避免隨意購物或情緒性購物。
• 避免欲望型購物。
• 千萬不要將你的生活規模「加大升級」，別因為收入增加就花更多錢。

- 在事情中獲得快樂，而不是在物質生活中追求快樂。
- 一次專注做一件事，別讓同時多工處理變成習慣。
- 將財富視為好事，貧困視為壞事。
- 探求你生命中想要的人事物。
- 尋求他人的反饋。
- 千萬不要因為恐懼而做出決定。
- 服從法律、遵守規則——成功沒有捷徑。
- 減少或避免「懶惰」習慣，這是浪費時間的習慣，無法使你變得更好，也不能讓你的人生有所進展。
- 耐心追求你的夢想與目標。成功並非眨眼可得，它需要長時間的醞釀。
- 善待每個你遇見的人，除非他們的言行不值得你如此對待。

貧窮遊戲計畫

- 不為自己的生活狀況負起責任，怪東怪西就是不怪自己。

- 不是為了要學習或自我修練而閱讀，只為了娛樂而閱讀。
- 追求立即滿足感。
- 賭博。
- 擁有壞習慣與「懶惰」習慣。
- 把收入花光或透支。
- 打腫臉充胖子式的生活（例如買或租根本無法負擔的房子或車子）。
- 批評、譴責及抱怨。
- 因為恐懼而做出決定。
- 不向別人請教。
- 不敢要求想要的人事物。
- 避免或忽視別人的反饋。
- 不敢挑戰自己，一直待在自己的舒適圈。
- 無法控制思考與情緒。
- 想到什麼就說什麼——說話不經大腦。

- 往來的對象同樣抱持貧窮金錢習慣。
- 對未來缺乏具體想法。
- 不追求夢想與目標。
- 設定並追求壞目標，例如擁有一間寬敞昂貴的房子、買珠寶、租或買豪華的車子、奢華度假等等。
- 一遇到困難就半途而廢。
- 對任何事都抱持著負面、被動、憤世嫉俗的態度。
- 不相信任何人。
- 愛講八卦。
- 看輕別人。
- 不值得信任。背叛伴侶或另一半，在朋友、同事、夥伴的背後捅一刀。
- 飲食過度。
- 飲酒過度。
- 過度使用娛樂性藥品[7]。

・沒有持續運動。
・想買什麼就買什麼，完全不考慮後果——習慣隨意購物或情緒性購物。
・將你的生活模式「加大升級」；收入增加，花費也增加。
・只為今天而活，從不計畫未來。
・無法符合別人對你的期待。
・不遵守法律與規定。為了快速成功而說謊、詐騙、偷竊。

如果你從小生長在貧困的環境中，你一定要在長大成人時改變你的遊戲計畫，否則，貧窮將會如影隨形。財富遊戲計畫並不能保證你會成為百萬富翁，但保證能讓你脫離貧窮。

7 娛樂性藥品（recreational drug）泛指以休閒娛樂為目的的藥品，並非用來治療生理疾病、也不在醫療監管下施用，包括海洛因、古柯鹼、嗎啡、搖頭丸、魔幻蘑菇、大麻、酒精、尼古丁等等；其中某些類別在部分國家是合法的，例如大麻、酒精、尼古丁。

當孩子們一個個依序讀完各自的資料夾後，他們才理解到，原來傑西看似隨口說的歐尼爾家與維柏林家故事，就是這麼一回事。這場海灘探險之旅完全是精心設計的一場偽裝秀——其實是把為期一個月的教育課程，用刺激的海灘玩樂行程包裝起來。

「全都計畫好了耶。」布蘭登邊說邊抬起頭，與傑西四目相望。

「是呀。」傑西回答。

「我們的爸媽都知道嗎？」克絲汀很好奇。

「是啊。」傑西承認。

「我花了一個月做這些資料夾。」傑西說。

休旅車內一陣靜默。「要知道，你們的爸媽和我是因為很愛你們才設計這趟行程的。這是我會做的事。很多人、公司、大學、一般學校可是要付很多錢請我分享富習慣研究呢。如果我不能用這些知識來幫助我愛的人，也就是我的家人，來改善他們的生活，那這些知識又有什麼用呢？」

「但為什麼我們不能就花一、兩天坐下來學就好？為什麼要用一個月的時間去紐澤西每個海灘？」布蘭登不解地問。

傑西想了一下要怎麼回答這個問題，然後說：「是這樣的，學習應該要好玩。愈好玩有趣，你的情緒就愈能進入學習過程。當那其中夾雜了你的情緒，學習就會更深刻。另外，你們也能以第一手經驗認識紐澤西海灘。當然，我們可以從書上學到亞斯伯利帕克是什麼樣的一個地方，但親自到亞斯伯利帕克體驗一番，不是比用讀的更好玩嗎？」

此時休旅車轉進馬納斯寬的傑西家路口。當車子開上停車車道時，三個孫子全朝車窗外看。站在傑西家外面的，是他們的爸媽。令他們驚喜的是，在他們爸媽身旁的正是湯姆與瑪格麗特，也就是歐尼爾夫婦。在等車子停好時，他們紛紛朝著這頭招手微笑。

謝辭

我想要大大感謝我的童年玩伴湯姆・侯伊（Tom Haughey），是他啟發我創造出本書的主角——富鄰居。

湯姆和我一樣在紐約市的史坦登島長大。在教師收入微薄的那個年代，他的父親是一名紐約市公立學校教師，母親是家庭主婦，單靠一份教師薪水來養育五個孩子，常常使他們為錢所困。

湯姆為自己規畫人生藍圖時，財務危機並不在他的計畫之內。他的人生計畫如下：

- 申請上大學並主修會計。
- 以最好的成績取得大學學位。
- 進入聲譽卓著的認證合格會計師事務所工作，等存夠了錢，就去念法律學校。

- 在該認證合格會計師事務所工作時，取得美國認證合格會計師執照。
- 就讀法律學校。
- 以最好的成績取得法律學位。
- 進入紐約市聲譽卓著的律師事務所工作。
- 在該律師事務所上班時，取得律師執照。
- 取得大型國際上市公司的高薪職位。

湯姆和家人的手頭都不寬裕，因此讀大學的開支費用這筆重擔，全落在湯姆自己身上。

後來，湯姆的解決辦法是，暑假時在他就讀的高中與大學裡擔任救生員，一週工作六天。他幾乎一毛不花地把暑期打工的收入都存起來，這樣才夠支付大學學費。為了節省開銷，湯姆住在家裡，每天通勤到聖約翰大學上課，而他大部分的有錢同學都從家裡搬到學校附近。他靠著簡約的生活，一路讀完大學，都沒有背上任何債務。

湯姆畢業後，在紐約市的安達信會計師事務所掙得一份工作。在當時，安達信是全世界最富盛譽的合格會計師事務所。在該事務所擔任稽查員時，湯姆繼續住家裡，每天通勤到紐約市上班，並且存下所有薪水。三年後，湯姆離開安達信，前往就讀紐約大學法學院。儘管湯姆生活節儉，在法學院第一年結束後，他還是把存款都花完了，於是他只好向銀行借貸六萬美元以供應剩下的兩年課程。那時的六萬元是一筆鉅款，價值相當於現在的十二萬美元。

從紐約大學畢業後，湯姆在紐約市一家非常有名的律師事務所上班。幾年後，他離開那家律師事務所，進入公司領域，為許多大型的上市跨國公司擔任企業律師。湯姆後來躍升重要職位，擔任紐澤西州一家大型製藥公司的資深經理，負責協助公司完成數次重整，而他多年來的努力終於在收入上獲得了豐厚的報酬。

湯姆與他的妻子瑪格麗特省吃儉用，想盡辦法存錢。他們選擇不將小孩送到私立學校，也不參加鄉村俱樂部，把省下的錢大量用在投資上。這個成果讓夫妻倆有能力將三個孩子送進達特茅斯學院，那是非常有名且昂貴的常春藤盟校之一，這得歸功於他們利用「五二九大學儲蓄計畫」[8]為每個小孩累積教育基金。

在五十二歲時，湯姆以白手起家的百萬富翁身分退休。在我花了五年研究的富習慣中，湯姆擁有許多其中的致富習慣，因此我決定以他的人生經歷，作為我的富鄰居主角的故事範本。

8 五二九大學儲蓄計畫（529 College Savings Plans）是美國一種多樣投資組合的儲蓄帳戶計畫，家長可以為子女開設戶頭，投資獲利的收益可免繳部分稅，但僅能用於教育用途。

習慣致富人生實踐版

在關鍵時刻下對決定，讓你成功達陣，樂享財務自由

作者／湯姆・柯利（Tom Corley）
譯者／楊馥嘉

主編／林孜懃
內頁設計排版／陳春惠
封面設計／萬勝安
校對協力／陳柔安
行銷企劃／鍾曼靈
出版一部總編輯暨總監／王明雪

發行人／王榮文
出版發行／遠流出版事業股份有限公司
地址：104005臺北市中山北路一段11號13樓
電話：(02)2571-0297　傳真：(02)2571-0197　郵撥：0189456-1
著作權顧問／蕭雄淋律師

2020年9月1日 初版一刷
2022年7月20日 初版九刷
定價／新臺幣380元（缺頁或破損的書，請寄回更換）

ISBN 978-957-32-8860-2
遠流博識網 http://www.ylib.com　E-mail:ylib@ylib.com
遠流粉絲團 http://www.facebook.com/ylibfans

EFFORT-LESS WEALTH: Smart Money Habits at Every Stage of Your Life

國家圖書館出版品預行編目(CIP)資料

習慣致富人生實踐版：在關鍵時刻下對決定,讓你成功達陣,樂享財務自由 / 湯姆.柯利(Tom Corley)著；楊馥嘉譯. -- 初版. -- 臺北市：遠流, 2020.09
面；　公分
譯自：Effort-less wealth : smart money habits at every stage of your life
ISBN 978-957-32-8860-2(平裝)

1.財富　2.個人理財　3.投資　4.成功法

563　　109011894